FACULTÉ DE DROIT DE PARIS

DE LA PUISSANCE PATERNELLE

RELATIVEMENT A LA PERSONNE DE L'ENFANT

EN DROIT ROMAIN

ET EN DROIT FRANÇAIS

ET DE

L'ADMINISTRATION LÉGALE

PAR

Léon PETIT-DOSSARIS

DOCTEUR EN DROIT

AVOCAT A LA COUR D'APPEL DE PARIS

PARIS

F. PICHON, IMPRIMEUR-LIBRAIRE

14, RUE CUJAS, 14

1874

DE LA PUISSANCE PATERNELLE

RELATIVEMENT A LA PERSONNE DE L'ENFANT

EN DROIT ROMAIN

ET EN DROIT FRANÇAIS

ET DE

L'ADMINISTRATION LÉGALE

THÈSE POUR LE DOCTORAT

PAR

Léon PETIT-DOSSARIS

AVOCAT A LA COUR D'APPEL DE PARIS

L'acte public sur les matières ci-après sera soutenu le
vendredi 18 décembre 1874, à 1 h. 1/2.

PRÉSIDENT : M. LABBÉ.

SUFFRAGANTS : MM. BONNIER, VUATRIN, COLMET DE SANTERRE, PROFESSEURS. BOISTEL. AGRÉGÉ.

PARIS

F. PICHON, IMPRIMEUR-LIBRAIRE

14, RUE CUJAS, 14

1874

A MON PÈRE

A MA MÈRE

DROIT ROMAIN

DE LA PUISSANCE PATERNELLE

RELATIVEMENT À LA PERSONNE DE L'ENFANT

Le but de ce travail est d'étudier les droits et les devoirs du père de famille vis-à-vis de la personne de ses enfants, en droit romain et en droit français.

En droit romain on nomme *paterfamilias* celui qui a la pleine seigneurie. *Paterfamilias appellatur qui in domo dominium habet.* (Dig. L. 16,195.) *Patresfamiliarum sunt qui sunt suæ potestatis sive puberes sive impuberes.* (Dig. 1, 6, 4.)

Sui juris sunt familiarum suarum principes id est patresfamiliæ, dit Ulpien. (*Reg. juris*, tit. IV.)

Les divers textes que nous venons de citer, montrent clairement que les Romains attachaient au mot *paterfamilias* une idée de puissance. Le père de famille était un chef de maison. Il n'était pas nécessaire d'avoir des enfants pour être père de famille, puisque des *impuberes, sive impuberes* peuvent être *paterfamiliæ.*

M. Fustel de Coulanges, dans son livre sur la cité antique, considère le père de famille comme n'étant que le représentant de la divinité du foyer. « Une fa- » mille se compose d'un père, d'une mère, d'enfants, » d'esclaves. Ce groupe, si petit qu'il soit, doit avoir » sa discipline; à qui donc appartiendra l'autorité » première? au père? non. Il y a dans chaque mai- » son quelque chose qui est au-dessus du père lui- » même, c'est la religion domestique. C'est le Dieu » que les Grecs appellent le foyer-maître, ἑστία δισποινα, » que les Latins nomment *Lar familiaris.* »

Nous admettons très-volontiers cette théorie de M. Fustel de Coulanges, d'après laquelle il y aurait eu à Rome un foyer-maître, autour duquel gravitent les personnes et les biens qui composent la *familia.*

Dans ce petit corps organisé, dans cette petite société, où il y avait une divinité des personnes et des biens, le père était tout à la fois, le prêtre, le juge, le seigneur et le législateur.

Comme prêtre il offrait les sacrifices et accomplissait les rites religieux au nom de la famille et avait un pouvoir absolu sur la composition de la famille.

Comme juge, il maintenait l'ordre dans la famille et avait compétence pour juger souverainement tous les membres qui faisaient partie de la *familia.*

Comme seigneur, il avait non pas la propriété des

personnes et des biens qui dépendaient de la *familia*, mais il avait sur ces biens et sur ces personnes un droit de disposition absolue.

Enfin dans ce petit Etat il était législateur et ordonnait des personnes et des choses pour le temps où il ne serait plus.

La loi des Douze Tables lui reconnaît ce droit en termes aussi précis qu'énergiques. *Uti nuncupassit super pecunia tutelave suæ rei ita jus esto.*

Cette théorie de M. Fustel de Coulanges paraît concorder avec les écrits des jurisconsultes, et les détails sur la famille que nous trouvons épars dans les anciens auteurs, et elle permet, croyons-nous, d'expliquer plus facilement les rapports qui existent entre le père et ses enfants.

Nous nous occupons spécialement des droits du père de famille sur ses enfants et nous verrons dans quelle mesure il exerce vis-à-vis d'eux les différents pouvoirs que nous lui reconnaissons.

Gaius et après lui Justinien, ayant voulu caractériser la puissance du père sur ses enfants, ont dit qu'il n'y avait aucun autre peuple qui eût un semblable pouvoir. *Nulli enim alii sunt homines qui talem in liberos habeant potestatem qualem nos habemus.* (Inst, I, 9, § 2.)

Ce que nous connaissons sur le droit des Athéniens, des Hébreux et des Indiens, paraît en effet confirmer l'assertion de Gaius et de Justinien. Chez ces peuples en effet, il existe un pouvoir paternel plus ou moins fortement organisé, mais nous ne trouvons dans aucune de ces législations ce trait qui nous paraît caractéristique de la puissance paternelle romaine : la perpétuité. La puissance du père dure aussi longtemps que le père veut la retenir, et elle ne cesse ni par l'âge de l'enfant, ni par son mariage, ni par les dignités considérables dont il peut être revêtu. Armé de l'autorité souveraine comme consul ou comme dictateur, le fils a droit au respect même de la part de son père. Aulu-Gelle raconte que Fabius Maximus consul ayant rencontré son père, ce dernier refusa de descendre de cheval sur son passage, *quod pater erat*. Mais Fabius Maximus ordonne à son père de descendre, et le père en obéissant approuve son fils de faire respecter le pouvoir du peuple, *filium collaudavit cum imperium quod populi esset retineret*. (Aulu-Gelle, *Nuits attiques*, II, 2.)

Au forum le père s'inclinait devant la puissance publique personnifiée dans le fils. Mais au foyer domestique la puissance paternelle reprend tous ses droits sur le fils et l'histoire romaine est pleine d'exemples qui montrent que les pouvoirs publics conférés aux fils de famille ne les affranchissaient pas de la soumission qu'ils devaient au père de famille dans la vie privée.

Il existerait cependant un peuple qui aurait eu une puissance paternelle organisée comme la puissance paternelle romaine. M. Vanier, juge au tribunal civil de Cherbourg, constate dans une étude sur les Codes annamites et chinois une similitude bien

frappante entre ces législations et la législation romaine. « En Chine et en Annam, dit-il, la famille
» est organisée à peu près comme elle l'était à Rome;
» le père de famille est tout-puissant jusqu'à sa
» mort, il tient sous son autorité despotique ses en-
» fants et ses femmes comme à Rome les parents
» paternels sont seuls membres de la famille, et
» la femme qui se marie cesse d'en faire partie. »

Quoi qu'il en soit, cette organisation de la puissance paternelle à Rome est remarquable et curieuse à étudier et on peut considérer comme exacte cette allégation de Gaius et de Justinien qui disaient que l'organisation de la puissance paternelle était inconnue des autres peuples.

Nous allons nous occuper successivement :

1° De l'origine de la puissance paternelle ;
2° Du fonctionnement de cette puissance ;
3° De son extinction.

I° COMMENT NAIT LA PUISSANCE PATERNELLE

Le paterfamilias acquiert la puissance paternelle de trois manières : 1° par mariage légitime ; 2° par adoption ; 3° par légitimation.

1° *Par mariage légitime.*

Le *paterfamilias* citoyen romain qui contracte de justes notes (*justæ nuptiæ*), acquiert par le fait même de ces justes noces, la puissance paternelle sur tous les enfants qui naîtront de cette union et sur les enfants qui naîtront au deuxième degré, mais sur les enfants des fils seulement, les enfants des filles sont sous la puissance de leur mari ou du père de leur mari.

In potestate nostra sunt liberi nostri quos ex justis nuptiis procreaverimus. (Inst. Just., t. IX.)

Nous n'entrerons pas ici dans le détail des conditions nécessaires pour pouvoir contracter mariage, il suffira de les rappeler brièvement. Il fallait : 1° la qualité de citoyen romain ; 2° la puberté ; 3° le consentement respectif des époux ; 4° le consentement des personnes sous l'autorité desquelles les époux se trouvaient.

2° *Par adoption.*

Un citoyen romain pouvait acquérir sur un autre citoyen romain la puissance paternelle par l'adoption.

Non solum autem naturales liberi in potestate nos-

tra sunt, verum etiam ii quos adoptamus. (Inst. Just., t. II.)

L'adoption est un moyen de créer des rapports de famille au point de vue civil entre des personnes qui, sans l'adoption, auraient été étrangères l'une à l'autre. L'adoption se subdivisait en adrogation et en adoption proprement dite.

L'adrogation est l'adoption d'un *paterfamilias* par un autre *paterfamilias*.

Le paterfamilias qui était *sui juris* devient *alieni juris*.

Le culte du foyer domestique est éteint, les dieux du *lar familiaris* et les cérémonies par lesquelles on les honorait ne sont plus qu'un souvenir. Les biens formant le patrimoine de ce foyer désert, passent en la puissance du *paterfamilias* adrogeant.

Il y a eu absorption complète d'une famille par une autre.

L'adrogation se faisait à l'origine dans les comices par curies, il fallait pour chaque adrogation une loi dans laquelle intervenait le pouvoir religieux.

Plus tard l'adrogation eut lieu à Rome devant trente licteurs qui représentaient les comices, et dans les provinces au moyen d'une décision de l'Empereur.

Dioclétien établit à cet égard l'unité de législation, en décidant qu'à Rome, de même que dans les provinces, l'adrogation aura lieu par rescrit du prince. (Cod. 48, 6, 8.)

Jusqu'à Antonin le Pieux on ne pouvait pas

adroger un *paterfamilias* impubère : l'empereur autorisa cette adrogation, mais en l'entourant de garanties destinées à protéger l'impubère et les membres de la famille de l'impubère.

Par l'adrogation on acquiert la puissance paternelle sur un *paterfamilias* ; l'adoption proprement dite a pour objet de faire acquérir la puissance paternelle sur un *filiusfamilias*. Le *filiusfamilias* sort de la famille et de la puissance du *paterfamilias* sous lesquelles il se trouvait pour entrer sous la puissance et dans la famille du *paterfamilias* qui l'adopte.

L'adoption n'exige pas comme l'adrogation une intervention de la puissance publique, c'est un acte privé qui s'accomplit par deux manifestations de volonté, celle du *paterfamilias* qui abandonne sa puissance paternelle et celle du *paterfamilias* qui acquiert cette même puissance. L'enfant se trouve, au point de vue civil, complétement étranger à la famille dans laquelle il est né et il acquiert dans la famille adoptive tous les droits, et il est soumis à toutes les obligations qu'il aurait eues, s'il était fils par le sang du *paterfamilias* qui l'a adopté.

Mais par des considérations tirées de l'intérêt de l'enfant, Justinien décide que lorsque l'adoptant n'est pas un membre de la famille de l'adopté, l'adopté reste dans la famille et sous la puissance du père qui l'a donné en adoption.

3° *Par légitimation.*

L'enfant qui n'est pas né en légitime mariage, *ex justis nuptiis*, naît *sui juris*, il n'est pas soumis à la puissance paternelle.

L'enfant peut être soumis postérieurement à cette puissance, c'est le but de la légitimation.

La légitimation ne peut être imposée au fils.

Inviti filii naturales vel emancipati non rediguntur in patriam potestatem (Dig., I, 6, 11.)

· Avant Justinien les moyens de légitimer sont la *causœ probatio* et l'*erroris causœ probatio.*

Sous Justinien il y a trois modes de légitimation des enfants :

1° L'oblialion à la curie; 2° le rescrit du prince; 3° le mariage subséquent.

II° DU FONCTIONNEMENT DE LA PUISSANCE PATERNELLE.

Nous avons vu quelles étaient les origines de la puissance paternelle. Nous savons que le *paterfamilias* pouvait avoir la puissance paternelle sur les enfants issus de son légitime mariage sur les enfants qu'il adoptait et sur ceux qu'il légitimait.

Il nous reste à voir quels sont les droits et les devoirs attachés à la puissance paternelle.

Nous avons considéré le *paterfamilias* comme représentant le foyer domestique. Nous avons reconnu
qu'il était à la fois dans sa famille prêtre, seigneur,
juge et législateur.

Lorsque dans la famille il naît un enfant, un membre nouveau, qui doit participer aux *sacra* du foyer
et à la propriété collective, il appartient au *paterfamilias* comme chef religieux de statuer sur son sort, de
décider souverainement de l'introduction de l'enfant
dans la famille ou de le repousser.

L'expression même dont on se sert indique cette
attribution. On dit, en parlant d'un *paterfamilias*
suscepit liberos :

Saltem si qua mihi de te suscepta fuisset.
Ante fugam soboles.

(Virg., *Éneide*, lib IV, v. 327).

Filiam quam ex te suscepi.

(Pl., Epi. IV, 1, 34,).

Le *paterfamilias* enlevait l'enfant dans ses bras et
montrait ainsi qu'il l'acceptait comme membre de sa
famille.

Si le père n'accueillait pas l'enfant, il ne pouvait
pas être élevé dans la famille et cette exclusion le
condamnait à la mort ou à l'exposition.

Ce droit pour le père d'admettre ou de rejeter l'enfant existait aussi dans la législation athénienne.

« A Athènes, dit M. Guerard, le père n'avait pas le
» droit de faire périr son enfant même au moment
» de sa naissance, seulement il pouvait ne pas l'élever ;
» lorsqu'il ne le levait pas de terre, l'enfant était vendu
» comme esclave » (Guerard, *Droit privé des Romains*).

Chez les Germains on constate le même usage. Suivant M. Ozanam : « on apporte le nouveau-né aux
» pieds de son père qui décide de lui en détournant
» la tête ou en le prenant dans ses bras. Renié on l'expose sous un arbre, au bord d'un fleuve ou d'une caverne ; toutes les traditions poétiques du Nord rappellent cet usage. Admis dans la famille, il reçoit le
» lait et grandit parmi les esclaves, soumis comme
» eux au droit de vente et à celui de vie et de mort ».
(Ozanam, *le Germain avant le Christianisme*.)

Ainsi donc il ne suffisait pas à l'enfant, pour qu'il fît partie de la famille, qu'il fût né d'un mariage légitime, *ex justis nuptiis*, il fallait encore que le *paterfamilias* l'eût accepté comme membre de sa famille.

Denys d'Halicarnasse nous dit que le *paterfamilias* avait tout droit sur ses enfants.

At Romanorum legislator Romulus omnem, ut ita dicam, potestatem in filium patri concessit idque toto vitæ tempore sive flagris cædere sive vinctum ad rusticum opus detinere sive occidere vellet.

Il nous dit aussi qu'à l'origine le père devait, sous peine de confiscation de la moitié de ses biens, élever

tous les enfants mâles et les aînées des filles et ne pouvait en faire périr aucune avant trois ans, mais sur
les enfants âgés de plus de trois ans et sur les filles
puînées depuis le moment de leur naissance, sa
puissance était absolue, il avait sur eux plein droit
de vie et de mort. (Den. d'Hal., liv. II.)

M. Fustel de Coulanges fait découler du caractère
de chef suprême de la religion le droit qui appartient
au père de reconnaître l'enfant à sa naissance ou de
le repousser.

Si l'enfant est repoussé de la famille par le *paterfamilias*, il est mis à mort ou exposé.

Un des cas les plus fréquents qui déterminaient le
père à exposer l'enfant était la difformité.

La loi des Douze Tables consacrait ce droit, ainsi
que le témoigne un passage de Cicéron qui compare
la puissance tribunitienne bientôt anéantie à un enfant difforme, *tanquam ex duodecim tabulis insignis
ad deformitatem puer*. (Cicéron, *De legibus*, lib. III.)

Sénèque constatait aussi cette cause d'exposition
des enfants lorsqu'il disait : Nous noyons nos enfants difformés ou débiles comme nous retranchons
un scélérat de la société.

Il paraît même que le père, avant de tuer ou d'exposer le part monstrueux, devait, suivant Denys
d'Halicarnasse, le montrer aux anciens de la tribu.

*Primum necessitatem imposuit educandi quidquid
esset masculum et e filiabus primogenitas nullam autem prolem necari permisit minorem triennio nisi
quid mutilum aut monstrosum genitum esset. Tales*

enim fœtus exponi a parentibus non vetuit sed osten-
sos prius quinque viris e vicino proximis, si illi quo-
que exponendos censuissent (Den. d'Hal.).

Ce droit de ne pas accueillir l'enfant qui vient de naître, se rattachait aux pouvoirs reconnus au *pa-terfamilias* comme chef suprême de la religion et il subsista longtemps dans la société romaine. Il résulte du texte d'Halicarnasse que le *paterfamilias*, sauf une garantie de constatation, avait le droit d'exposer les enfants difformes et les cadettes des filles sans que l'on pût lui en demander compte.

Il devait au contraire nourrir ses autres enfants.

Il semble qu'il y ait contradiction : d'une part, nous voyons que le *paterfamilias* a le droit de ne pas accueillir dans sa famille l'enfant qui vient de naître ; d'autre part, Denys d'Halicarnasse cite une prescription de Romulus, qui oblige les pères à nourrir leurs enfants jusqu'à l'âge de trois ans au moins. Nous expliquons cette contradiction apparente, en admettant que la loi de Romulus était une loi exceptionnelle et temporaire, imposée par la nécessité d'avoir pour la cité naissante des soldats et des habitants. Cette loi tomba ensuite en désuétude, lorsque la prospérité de la cité devint telle que l'on n'eut plus lieu de craindre qu'il n'y eût plus assez de citoyens.

Les dispositions mêmes citées par Denys d'Halicarnasse indiquent en effet que le père avait le droit de disposer de ses enfants, *necessitatem imposuit edu-candi*. On voit en outre la préoccupation d'assurer la reproduction des citoyens romains. Le père élèvera les filles, *primogenitas*, et tous les fils ; les enfants mutilés et monstrueux ne sont pas utiles à la future cité, et on peut les tuer impunément.

Cette préoccupation d'assurer la reproduction de la population reparaît au moment de la décadence et vient une fois de plus affirmer le droit incontestable qu'avait le père d'exposer son enfant, c'est-à-dire de refuser de l'admettre au sein de sa famille. Nous lisons en effet au Code : « Unusquisque sobolem suam nutriat quod si exponendam putaverit animadversioni quæ constituta est subjacebit. » (Cod., 8, 52, 2.)

Ces dispositions s'appliquent aux enfants qui n'avaient pas été admis par le père dans sa famille, *quos non sustulit*. Quant aux enfants admis dans la famille, ils entraient sous la puissance du père et cette puissance, tout en les laissant soumis à l'exercice de droits rigoureux, leur servait aussi de sauvegarde et de protection. Le pouvoir du père avait des bornes comme le témoigne ce rescrit de Constantin : *Libertati a majoribus tantum impensum est ut patribus quibus jus vitæ in liberos necisque potestas olim erat permissa libertatem eripere non liceret* (Cod., 8, 37, 10).

Il n'y avait pas à Rome, comme dans les pays modernes, une vérification des naissances organisée par le pouvoir public.

Nonobstant les prohibitions qui défendaient aux pères d'exposer leurs enfants, ces expositions étaient fréquentes ; il arrivait souvent que le *paterfamilias* exposât des enfants qu'il ne pouvait pas nourrir, et que cette exposition ne fût pas justifiée par une difformité de l'enfant.

Il arrivait souvent que l'enfant exposé était recueilli par une personne qui le nourrissait et l'élevait soit dans un sentiment de bienfaisance, soit dans un but de spéculation.

Quelle était alors la situation de l'enfant? Il faut distinguer : s'il a été exposé avant d'être admis dans la famille, il est *sui juris*, n'ayant jamais fait partie de la famille civile, car ce n'est pas la naissance, c'est l'acceptation du nouveau-né par le père qui produit le lien.

Mais si l'enfant a été exposé après que le père l'avait reçu comme membre de sa famille, il n'était pas *sui juris*, car nous ne voyons pas que l'exposition fût un mode d'affranchissement de la puissance paternelle : *Non nudo consensu patria liberi potestate sed actu solemni liberantur* (Cod., 8, 49, 3).

Une loi au Code montre bien que la puissance paternelle n'était pas dissoute par l'exposition puisque, dans une circonstance où un père a exposé sa fille, on demande son consentement au mariage de cette dernière.

Patrem qui filiam exposuit hanc nunc adultam sumptibus et labore tuo factam matrimonio conjungi filio tuo desideranti favere voto convenit (Cod., 5, 4, 16).

Il en résultait comme conséquence que les biens que l'enfant pouvait acquérir par lui-même, ou par des libéralités de personnes étrangères étaient acquis à son père et que le père pouvait à tout instant le réclamer au grand détriment de ceux qui avaient recueilli l'enfant.

La puissance publique intervint alors pour protéger l'enfant.

Dans un texte des Sentences de Paul, on assimile au meurtrier le père qui expose son enfant. *Necare videtur non tantum is qui partum perfocat sed et is qui abjicit et qui alimonia denegat et is qui publicis locis misericordiæ causa exponit quam ipse non habet* (Dig., 25, 3, 4).

Le père qui revendiquait la puissance paternelle sur un enfant qu'il avait exposé révélait son crime par sa réclamation même et pouvait être frappé des peines prononcées contre ceux qui mettaient à mort leurs enfants.

Néanmoins il est vraisemblable que cette crainte ne suffisait pas pour arrêter les réclamations du père, car nous voyons les empereurs Valentinien, Valens et Gratien décider que ceux qui, malgré les défenses, ont exposé leurs enfants, ne pourront ensuite les revendiquer.

Sed nec dominis vel patronis repetendi aditum relinquimus si ab ipsis expositos nec enim suum qui dicere poterit quem pereuntem consumpsit (Cod., 8, 52, 2).

Il ne suffisait pas de défendre aux pères de réclamer les enfants qu'ils avaient exposés afin d'empêcher l'indigne spéculation de ce dernier qui ne faisait le plus souvent valoir ses droits de puissance paternelle que dans un but intéressé.

Justinien, dans la loi 3, défend aux personnes charitables qui ont recueilli les enfants exposés, de les élever comme des *servi*, des *liberti*, des *coloni*, des *adscripti*, dans la crainte que les enfants retombent plus tard au pouvoir de ceux qui les avaient dévoués à une mort presque certaine.

L'enfant qui avait été exposé, était libre et acquérait pour lui.

Nous arrivons maintenant à la seconde des hypothèses que nous avons posées, celle où le *paterfamilias* a accueilli l'enfant.

Ce dernier entre alors dans la famille, il participe aux *sacra*, prend place au foyer domestique, il est compté parmi les héritiers siens, c'est-à-dire qu'il devient copropriétaire indivis du *patrimoine* groupé autour du *Lar familiaris*.

L'enfant, soit fille, soit garçon, est élevé par les soins de la mère ou, à son défaut, par des esclaves. Dans les premiers temps de Rome, les mères tenaient à honneur d'élever leurs enfants elles-mêmes : *Sic Corneliam Gracchorum, sic Aureliam Cesaris, sic Atiam Augusti matrem præfuisse educationibus ac produxisse principes liberos accepimus.* (Tacite, *de Orat.*, 28.)

A Rome, le rôle de la *mater*, de la *matrona*, était surtout d'élever les enfants : *gremio ac sinu matris educabatur cujus præcipua laus erat tueri domum et inservire liberis* (Tacite).

L'influence de la femme était considérable, et loin d'être traitée en esclave, la mère était toute-puissante à la maison, elle était appelée *Domina*. On suivait ses conseils. Livie, femme d'Auguste, offre ses avis à son mari qui hésitait sur le parti qu'il devait prendre vis-à-vis de Cinna et de ses complices : *Admittis, inquit, muliebre consilium*, et Auguste remercie sa femme et se dispose à suivre ses conseils, *uxori gratias agit* (Sénèq., *de Clem.*, I, 9).

Mais si les femmes, et la mère en particulier, étaient honorées et respectées, si elles avaient une certaine autorité dans l'intérieur de la maison, elles ne pouvaient prendre aucune part à la vie publique. Au point de vue du droit civil, elles ne pouvaient pas agir, c'était le *paterfamilias* qui seul avait droit et qualité pour défendre et représenter la famille devant les pouvoirs judiciaires et publics.

Le père était obligé de pourvoir à tous les besoins de l'enfant, c'était une charge qui lui était imposée en compensation des bénéfices qu'il retirait des services que l'enfant leur rendait. Si la mère a nourri l'enfant, elle peut se faire rembourser par le père, car elle a pour ainsi dire fait l'affaire du père, on ne laisse à sa charge personnelle que les dépenses faites dans un sentiment d'amour maternel et qu'elle eût faites en sus des frais d'éducation payés par le père (D., 25. 3, 5, 14).

Le père, comme attribut de la puissance paternelle, a la garde de l'enfant, ce qui implique le droit de désigner quelle doit être la résidence de l'enfant et aussi le droit de faire réintégrer à l'enfant cette résidence, lorsqu'il l'a quittée lui-même ou qu'il en a été détourné par le fait d'autrui.

Comment le père fera-t-il sanctionner ce droit, et reprendra-t-il la possession des enfants soumis à son pouvoir paternel ? Ulpien nous le dit : *Per hanc actionem (rei vindicatio) liberæ personæ quæ sunt juris nostri utputa liberi qui sunt in potestate non petuntur ; petuntur igitur aut præjudiciis aut interdictis aut cognitione prætoria* (Dig., VI, 1, I, § 2).

Il faut dire un mot de chacun de ces moyens par lesquels le *paterfamilias* fait rentrer sous sa garde et son pouvoir un enfant qui en avait été distrait.

L'action préjudicielle est, comme nous le dit Gaius, une action dont le caractère particulier est de n'avoir qu'une *intentio*, c'est-à-dire la partie de la formule dans laquelle le demandeur indique l'objet de sa demande ; le juge est alors appelé à juger si la prétention du demandeur est bien ou mal fondée, mais il n'en résulte aucune condamnation actuelle, c'est l'établissement d'une vérité judiciaire dont on pourra plus tard tirer des conséquences.

L'interdit est un ordre ou une défense émanant du préteur. Il y avait, en faveur de la puissance paternelle, deux interdits — l'interdit *de exhibendis liberis*, et l'interdit *de ducendis liberis*.

L'interdit *de exhibendis liberis* est donné contre celui qui détient un enfant, alors même qu'il n'y a aucun reproche à lui faire, *Si is eave apud te est dolove malo tuo factum est quominus apud te esset, ita eum eamve exhibeas* (Dig., lib. 43, 30. Pr.).

Cet interdit est donné à celui qui a la puissance paternelle sur la seule preuve de cette puissance.

En quoi consiste-t-il?

Ulpien en donne une définition très-précise. *Exhibere est in publicum producere et videndi targendique hominis facultatem præbere, proprie autem exhibere est extrà secretum habere* (Dig., 43, 29, 3, § 8).

L'interdit *de ducendis liberis* est la conséquence de l'interdit *de exhibendis liberis*, il a pour but d'empêcher qu'on fasse obstacle à l'exécution de l'interdit, *quominus ducere liceat vim fieri voto*, dit le préteur.

Si le père invoque l'interdit *de exhibendis liberis* contre la mère qui retient le fils, *ex justissima scilicet causa*, on viendra au secours de la mère par une exception.

Ulpien suppose qu'une fille est mariée et que son père ait la volonté de l'emmener et d'agir vis-à-vis de son mari au moyen de l'interdit *quod pertinet ad exhibitionem*. Il faut admettre, sans cela il n'y aurait pas de question possible, que le père a conservé sur sa fille la *patria potestas*.

Dans ce cas donnera-t-on au mari une exception pour résister à l'interdit dont le père est armé?

Le jurisconsulte répond que la jurisprudence certaine, *certo jure utimur*, est que le père ne puisse pas, armé de son droit de puissance paternelle, venir troubler un mariage où règnent l'harmonie et la concorde. Mais il n'ose pas aller jusqu'à paralyser com-

plétement par une exception le droit de la puissance
paternelle et se contente de dire qu'il faudra conseiller au père, *patri persuadeatur*, de ne pas exercer son
pouvoir paternel d'une manière vexatoire.

Les actions pour faire respecter son droit de
puissance paternelle ne manquent pas au père. Il résulte du texte d'Ulpien que nous avons cité plus haut
qu'indépendamment de l'action préjudicielle et des
interdits dont nous venons de parler, il peut encore
invoquer la *cognitio prœtoria* et la *revendicatio*.

La *cognitio prœtoria* avait lieu lorsque le préteur
chargé de donner la formule et de renvoyer à un
juge la décision de la contestation, retenait et jugeait
lui-même l'affaire *extra ordinem*.

Enfin le père peut se servir de la revendication.
Ulpien commence par dire que cette action n'est pas
donnée pour revendiquer les personnes libres qui
sont sous notre puissance, *utputa liberi qui sunt in
potestate*. Mais il termine en disant et avec l'autorité
de Pomponius, que l'on peut revendiquer *ex jure
quiritium*, un fils sous sa puissance, *adjecta causa si
quis ita petit filium suum videtur mihi et Pomponius
consentire recte eum egisse* (Dig., 6, 1, 1, § 2).

Nous venons de voir le nombre et l'efficacité des
moyens par lesquels le père pouvait reprendre à
l'aide de la puissance publique, la possession de son
pouvoir sur les enfants soumis à sa puissance.

Un pouvoir si fort devait être entouré de respects,
et les jurisconsultes nous montrent combien était
grand le respect qui entourait le *paterfamilias*, res-

pect auquel il avait droit comme chef de famille, et surtout comme chef de la religion et comme juge.

Le pouvoir public punit les fils qui n'observent pas cette loi du respect dû au *paterfamilias*.

Les *milites* qui avaient bien des priviléges en droit romain n'en étaient pas affranchis. *Etiam militibus pietatis ratio in parentes constare debet, quare si filius miles, in patrem aliqua commisit, pro modo delicti puniendus est.* (Dig., 37, 15, 1, Pr.)

A Athènes, le fils qui maltraitait son père, était puni par le premier archonte.

Dans l'Inde, celui qui maudit son père ou sa mère, est puni d'une amende de 100 panas, infligée par la Cour de Brahma, chargée de punir toutes les grandes fautes de l'enfant.

Cette obligation du respect des parents était générale, et observée chez tous les peuples anciens, et si nous voulons revenir au droit romain, nous trouverons de nouveaux exemples de la sollicitude avec laquelle on assurait l'observation de cette loi du respect.

Si filius matrem aut patrem, quas venerari oportet contumeliis adficit vel impias manus ei infert prœfectus urbi delictum, ad publicam pietatem pertinens pro modo ejus vindicabit. (Dig., 37, 15, 1.)

Il n'est pas même permis au fils militaire d'appeler ses parents *maleficos. Indignus militia judicandus est qui patrem et matrem a quibus se educatum dixerit maleficos appellaverit.* (Dig., 37, 15, 1.)

Et Ulpien résumant dans une formule remarquable par son énergie et sa concision, en même temps que par son exactitude, les devoirs du fils vis-à-vis de son père, dit : *filio semper honesta et sancta persona patris videri debet.* (Dig., 37, 15, 9).

Les Romains avaient une si haute idée du respect que le fils devait avoir pour la personne de son père, qu'ils avaient édicté un supplice atroce pour le parricide. On l'enfermait dans un sac avec un chien, un coq, une vipère et un singe, et on le jetait dans la mer ou dans un fleuve, et si la localité ne le permettait pas, on le jetait en pâture aux bêtes féroces. Ce supplice s'était modifié avec le temps, mais il conservait toujours un caractère exceptionnel ; *hodie tamen vivi exuruntur, vel ad bestias dantur* (Paul, Sent. V, 24).

Comme témoignage du respect que le fils devait à son père, nous voyons que ce dernier était dispensé de donner caution pour l'usufruit du pécule adventice, dont le fils avait la nue propriété, et cela à cause de la *paterna reverentia.*

C'est cette même *paterna reverentia* qui s'oppose à ce que le fils intente contre ses père et mère une action infamante, telle que les actions de dol ou d'injures.

Et alors même que l'action n'était pas infamante, il fallait au fils une permission du magistrat pour citer en justice ses parents : *Generaliter eas personas quibus reverentia præstanda est sine jussu prætoris in jus vocare non possumus* (D., 2, 4, 13).

Indépendamment de l'appui que le *paterfamilias*

trouvait dans la puissance publique pour faire respecter son autorité, il avait lui-même le droit de
correction.

Le droit de correction dérive du pouvoir judiciaire
attribué au *paterfamilias*.

« De toute la famille, dit M. Fustel de Coulanges,
» il n'y avait que le père qui pût paraître devant le
» tribunal de la cité, la justice publique n'existait que
» pour lui. Si la justice pour les fils et la femme
» n'était pas dans la cité, c'est qu'elle était dans la
» maison, leur juge était le chef de la famille, sié-
» geant comme sur un tribunal, en vertu de son
» autorité maritale ou paternelle, au nom de la
» famille, et sous les yeux des divinités domes-
» tiques. »

Tel était du moins l'ancien usage encore en vigueur du temps de Tacite qui raconte dans ses *An-
nales*, qu'une femme, Pomponia Grœcina, accusée de
superstition, fut remise au tribunal marital, et que
le mari, conformément au droit ancien, *prisco instituto*, la jugea et la déclara innocente, *isque prisco
instituto propinquis coram de capite famaque con-
jugis cognovit et insontem nuntiavit* (Tacit., Ann.,
13, 32.)

Les écrits des auteurs latins abondent en récits
qui constatent ce pouvoir de juge attribué au *paterfamilias* sur sa femme et sur les enfants soumis à sa
puissance. Le père pouvait leur infliger tous les châtiments, depuis les peines les plus légères jusqu'à la
peine de mort.

Les autres peuples de l'antiquité n'ont pas accordé au père un pouvoir aussi étendu.

En Grèce la loi donne au père peu de moyens de châtier son fils rebelle, il peut le chasser de sa maison et le déshériter, mais rien de plus.

A Sparte les anciens de la tribu avaient le pouvoir judiciaire sur l'enfant. Dans ce pays où l'éducation était publique, tout citoyen pouvait châtier un enfant, et les anciens de la tribu avaient sur lui le droit de vie et de mort.

Dans le droit hébreu après Moïse, la mort ne peut être infligée à un enfant que par l'autorité publique; l'enfant coupable est dénoncé aux vieillards et lapidé par le peuple (Deut., 13 et 17).

En Égypte le père ne pouvait pas prononcer contre son fils la peine de mort et s'il tuait son fils, il était puni par un supplice atroce.

Tres dies atque noctes in complexu occisi perdurare custodia assidua publica cogebatur.

Dans l'Inde le père n'a qu'un droit de correction très-restreint sur sa femme et son fils; il ne peut les frapper qu'avec une corde ou une tige de bambou.

Mais nous ne trouvons nulle part ailleurs le droit de juger organisé aussi énergiquement qu'il l'était à Rome.

Le *paterfamilias* était pour les membres de la *familia*, le seul juge, le vrai juge; sa compétence s'étendait sur tous par cette seule raison qu'ils étaient membres de la famille. Il ne paraît même pas que cette compétence fût restreinte aux délits commis dans l'intérieur de la famille; les délits publics étaient justiciables de cette juridiction paternelle.

Valère-Maxime cite un certain Atilius qui tua sa fille coupable d'impudicité.

Un père mit à mort son fils coupable de complicité avec Catilina.

Brutus fait battre de verges et frapper de la hache ses fils qui voulaient ramener les Tarquins.

Valère Maxime, en racontant ce dernier trait d'héroïsme, ajoute que le père a fait le sacrifice de ses sentiments paternels. *Exuit patrem.*

Dans une autre circonstance on voit un fils qui est accusé d'exaction en Macédoine. Des envoyés viennent porter plainte au Sénat à Rome, et le père évoque le jugement de son fils coupable devant le tribunal domestique, il juge seul en s'entourant de tous les documents de nature à éclairer sa religion et il condamne son fils.

Ce caractère de juge qui appartient au père de famille est indiqué dans les traits que nous venons de rapporter. On voit un père qui juge seul. Mais le rôle judiciaire apparaît d'une manière plus significative encore lorsqu'on voit le père de famille faire comme le juge public et s'entourer d'assesseurs, destinés à éclairer la religion du juge ; ce ne sont pas toujours et nécessairement des membres de la famille, ce n'est pas un tribunal de famille.

Sénèque nous montre Auguste venant siéger comme juge dans un tribunal de famille bien qu'il fût étranger à la famille.

Cogniturus de filio T. Arius advocavit in consilium C. Augustum venit in privatos penates assedit pars alieni consilii fuit. (Sénèq., *de Clem.*, 15.)

Cassius accuse son fils d'avoir aspiré au trône, il ne le condamne à mort et ne le tue qu'après s'être entouré des avis de ses proches et de ses amis. *Adhibito propinquorum et amicorum consilio* (Val. Max., ch. VIII, § 2).

Manlius Torquatus ne croit pas utile de se faire assister d'un conseil de ses amis, il juge seul; *Ne consilio quidem necessariorum indigere se credidit;* il rassemble des preuves, interroge des témoins, fait une enquête pour se convaincre de la culpabilité de son fils et, quand il est convaincu, il le condamne à l'exil (Val. Max., VIII, § 3).

Ces exemples suffisent pour nous donner une idée de cette justice du père de famille, toujours vigilante, toujours présente, qui s'étendait sur les enfants de tout âge, tant qu'ils restaient dans la famille qui était compétente pour tous les délits et pouvait infliger tous les châtiments sans exception; elle n'avait de bornes dans sa sévérité que les bornes qui étaient posées par l'amour paternel.

Cette justice domestique est dénommée dans les textes : *Jus vitæ ac necis.* On en attribue l'origine à une *lex regia. Quum patri lex regia dederit in filium vitæ necisque potestatem* (Collect. leg., 4, 8).

Patribus quibus jus vitæ in liberos necisque potestas olim erat permissa (Code, 8, 48, 10).

Le père est maître absolu dans sa maison, *judex*

domesticus; il peut infliger à ses enfants la prison, le fouet, les travaux rustiques, l'exil, la mort.

Nous rangerions volontiers parmi les moyens de répression qui étaient à la disposition du *paterfamilias l'abdicatio.* L'*abdicatio* est peu connue, un seul texte en parle en termes très-vagues et très-concis. *Abdicatio quæ græco more ad alienandos liberos usurpabatur et* ἀποκήρυξις *dicebatur romanis legibus non comprobatur.*

Cette *abdicatio* qui paraissait avoir pour résultat de chasser l'enfant de la famille devait en effet être très-redoutable, si l'on en croit les écrivains qui, en en parlant, la nomment *fulmen istud patrum ira domestica, abdicationis emendatio.*

Quintilien explique qu'il y a deux sortes d'*abdicatio.*

Altera criminis perfecti ut si abducetur raptor adulter altera velut pendentis et adhuc in conditione positi quales sunt in quibus abducetur filius quia non paret patri (Quint., *Inst. Orat.* VII, 4, 27).

Ce texte de Quintilien ne permet pas de déterminer bien clairement ce qu'était l'*abdicatio* et quelles en étaient les conséquences, mais il suffit pour nous permettre d'affirmer que c'était un genre spécial de peine que le père pouvait appliquer à son fils.

Nous venons de dire que la puissance du père comme juge était absolue et qu'il avait pleine juridiction sur les enfants soumis à sa puissance.

Cette plénitude de juridiction reçut bientôt des atteintes de la part du pouvoir public. On laissa au père le soin de connaître des petites contraventions, mais les crimes plus graves furent déférés à l'autorité judiciaire.

Ce changement est indiqué dans le titre unique au Code, *de emendatione propinquorum.*

In corrigendis minoribus pro qualitate delicti senioribus propinquis tribuimus potestatem ut quos ad vitæ decora domesticæ laudis exempla non provocant saltem correctionis medicina compellat neque nos in puniendis minorum vitiis potestatem in immensum extendi volumus sed jure patrio auctoritas corrigat propinqui juvenis erratum et privata animadversione compescat.

Quod si atrocitas facti jus domesticæ emendationis excedat placet enormis delicti reos dedi judicum notioni. (Code, 9, 15.)

Ce texte établit deux juridictions : la juridiction domestique et la juridiction du juge, l'une pour les *errata* pour lesquels suffit une *privata animadversio;* — l'autre qui est retirée au père de famille pour les faits atroces qui excèdent le *jus domesticæ emendationis.*

La même distinction se trouve posée plus énergiquement encore dans un autre passage.

Si pietatem debitam patri non agnoscit castigare jure patriæ potestatis non prohiberis acriore remedio usurus si in pari contumacia perseverarit eumque præsidi provincio oblaturus dicturo sententiam quam tu quoque dici volueris. (C., 8, 47, 3.)

Enfin si le père réclame contre son fils une peine

plus grave, le père se porte accusateur, le fils se défend, le magistrat prononce : c'est un véritable procès.

Inauditum filium pater occidere non potest, sed accusare eum apud præfectum præsidemve provinciæ debet. (Dig., 48, 8, 2.)

Il est bien clair que le père n'a plus le pouvoir de condamner son fils à mort.

C'est Adrien qui a le premier porté atteinte à ce droit de justice du père, en condamnant à la déportation un père qui avait tué son fils. Et cependant le droit de justice du père dans l'espèce paraissait bien incontestable, puisque le fils avait été surpris en flagrant délit d'adultère avec sa belle-mère.

Divus Hadrianus fertur quum in venatione filium suum quidam necaverat qui novercam adulterabat in insulam deportasse quod latronis magis quam patris jure eum interfecit. (Dig. 48, 9, 5.)

La raison donnée par Adrien, est que le père a agi en malfaiteur plutôt que par droit de puissance paternelle. Cependant il semble que c'est surtout dans cette circonstance que l'action du père eût pu être légitimée. Cela indique d'une manière bien caractéristique, que l'on était arrivé à une époque où le droit de justice était sorti des mains du père, pour devenir l'attribution du pouvoir social.

Trajan après Adrien alla plus loin encore dans cette voie : il force un père à émanciper son fils, *quem male contra pietatem adficiebat.*

Et cette phrase du jurisconsulte Marcien : *patria*

potestas in pietate debet non atrocitate consistere, peut être considérée comme signifiant que désormais le *paterfamilias* a perdu les prérogatives judiciaires qui lui avaient jadis appartenu, et qui sont aujourd'hui le partage du pouvoir social.

Comme sanction de la défense qui est faite au père de prononcer contre son fils la peine de mort, Constantin décide que la peine du parricide doit être appliquée au père qui, en vertu de son autorité privée, met son fils à mort : *sive clam sive palam.*

Il n'y a qu'un seul cas où le père conserve la juridiction antique avec faculté d'infliger le dernier supplice, c'est le cas où il surprend sa fille en flagrant délit d'adultère, soit dans la maison paternelle, soit dans la maison conjugale, et encore le père n'a ce droit que s'il a conservé sur sa fille la puissance paternelle. Le mari vis-à-vis duquel l'offense est plus grave n'a pas le droit de tuer sa femme.

Papinien explique cette différence entre le père et le mari en disant que l'action du père sera plus froide et plus réfléchie, l'action du mari devait être au contraire emportée et aveugle et il fallait y mettre un frein : *quod plerumque pietas paterni nominis consilium pro liberis capit cæterum mariti calor et impetus facile decernentis fuit refrenandus* (Dig., 48, 5, 22).

Pour être complet, il faut ajouter que l'exercice de ce droit, qui reste comme un dernier vestige du droit qu'avait le *paterfamilias* de condamner à mort comme juge domestique et qu'on paraît ne pas avoir osé retirer au père de famille, a été tellement réglementé et restreint qu'il est devenu plus un droit nominal qu'un droit réel.

C'est ainsi qu'il s'exerce sur une fille et non sur un fils, qu'il est nécessaire que le père ait conservé sur cette fille la puissance paternelle, qu'il surprenne sa fille en flagrant délit, *in ipsa turpitudine*, dans sa propre maison ou dans celle du mari de sa fille, qu'il tue sa fille et l'amant de sa fille au moment même, *incontinenti*.

Debet prope uno ictu et uno impetu utrumque occidere æquali ira adversus utrumque sumpta (Dig., 48, 5, 20).

Comme chef de la religion domestique, c'est au *paterfamilias* qu'il appartient de statuer souverainement sur les modifications dans la composition de la famille.

De là découle le droit qu'il a de donner ou de refuser son consentement au mariage ou à l'adoption de ses enfants.

Le mariage des enfants apportait de grands changements dans la famille.

La fille qui se mariait était perdue pour la famille, elle entrait le plus souvent sous la puissance de son mari ou du père de son mari.

Le fils en se mariant changeait plus profondément encore les conditions d'existence de la famille, car il introduisait dans la famille sa femme, c'est-à-dire une personne qui y avait été complétement étrangère, et qui venait *loco filiæ* participer aux *sacra* de la famille et prendre part à la jouissance du patrimoine commun. De cette union pouvaient naître des enfants qui devenaient, sous le titre d'héritiers siens, copropriétaires des biens de la famille.

C'est en vertu de son droit de puissance paternelle que le *paterfamilias* a le droit de consentir au mariage de ses enfants. L'enfant qui est sorti par l'émancipation du groupe de la famille, peut contracter mariage sans le consentement du père, *filius emancipatus etiam sine consensu patris uxorem ducere potest* (Dig., 23, 2, 25).

Mais vis-à-vis des enfants restés sous la puissance paternelle, le droit du père est absolu.

Nuptiæ consistere non possunt nisi consentiant omnes id est qui coeunt quorumque in potestate sunt (Dig., 23, 2, 2).

Nous avons dit que pour le mariage il n'y avait à se préoccuper que du consentement du chef de famille. C'est ainsi que c'est le grand'père qui a la puissance qui doit donner son consentement lorsqu'il s'agit du mariage des petits-enfants; il y a cependant lieu de faire une distinction entre le petit-fils et la petite-fille, distinction qui est faite dans un texte de Paul. *Nepote uxorem ducente et filius consentire debet, neptis vero si nubat voluntas et auctoritas avi sufficiet* (D., 23, 2, 16). Cette différence entre le petit-fils et la petite-fille, au point de vue du mariage, s'explique par cette considération qu'en se mariant la fille quitte la famille et que les enfants qui naîtront d'elle sont sous la puissance du chef de famille de qui dépend son mari ou sous la puissance ·du mari lui-même.

Le mariage du petit-fils au contraire amenait des héritiers dans la famille qui, après la mort du grand'père, retombaient sous la puissance de leur père et devenaient héritiers siens de ce dernier ; il eût été contraire aux principes que le père pût avoir des héritiers siens contre son gré. *Nemini invito heres suus agnascitur.* C'est pour cela que pour le mariage du petit-fils on exigeait à la fois le consentement du père et celui du grand'père.

La puissance du père en matière de mariage allait jusqu'à ce point que le père pouvait contraindre sa fille à accepter le mari qu'il lui avait choisi, à moins que le mari ne fût indigne ou de mœurs dépravées.

Tunc autem solum dissentiendi a patre licentia filiæ conceditur si indignum moribus vel turpem sponsum ei pater eligat (D., 23, 1, 12).

La règle que nous avons rapportée, aux termes de laquelle on ne pouvait avoir d'héritiers siens malgré soi, faisait que le père ne pouvait imposer le mariage à son fils, *filiofamilias dissentiente sponsalia ejus nomine fieri non possunt* (D., 23, 1, 13).

Non cogitur filiusfamilias uxorem ducere (D., 23, L. 21).

Le pouvoir paternel était même tellement absolu que, nonobstant le mariage de sa fille, le père pouvait user sur elle du droit de puissance paternelle et dissoudre le mariage.

Pater invita filia repudium genero misit (Vatic.

Fragm., § 116). Il pouvait agir de même vis-à-vis de son fils.

Ce droit exorbitant du père vis-à-vis de sa fille, se trouve confirmé dans les écrits de Plaute et d'Ennius.

Ennius fait parler ainsi une fille qui se plaint à son père de la dissolution de son mariage :

> *Injuria abs te afficior indigna pater*
> *Nam si improbum Cresphontem existimaveras.*
> *Cur me huic locabas nuptiis sin est probus,*
> *Cur talem invitum invitam cogis linquere?*

Et Plaute dans la comédie de *Stichus* exprime la même idée. Une fille, s'adressant à son père, lui dit :

« Ou nos maris ne te plaisaient pas et il ne fallait pas nous les faire épouser, ou ils te plaisaient et il n'est pas juste aujourd'hui de nous en séparer. »

> *Aut olim nisi tibi placebant non datas oportuit*
> *Aut nunc non æquum est abduci pater.*

Enfin comme dernier témoignage de l'omnipotence du père de famille relativement au mariage de ses enfants, nous voyons dans les jurisconsultes que rien ne pouvait remplacer le consentement du père. La rigueur du droit à cet égard était telle que lorsque le père de famille était fou ou dans un état de démence *furiosus vel mente captus*, incapable par conséquent de donner un consentement valable, il y avait impossibilité absolue pour son fils ou sa fille qui était en sa puissance, de contracter mariage.

Le père de famille, malgré son état mental, conservait la puissance paternelle.

Mais sur ce point comme sur les autres le pouvoir social prenant en main l'intérêt des enfants, intervient au nom de cet intérêt. Cette intervention se montre surtout dans la loi *Julia* dont l'esprit dominant était de faciliter les mariages.

La loi Julia impose au père l'obligation de marier et de doter l'enfant *utriusque sexus*.

Cette disposition de la loi Julia se trouve mentionnée dans un texte de Marcien qui ajoute que l'on doit assimiler au père qui empêche le mariage, celui qui ne fait pas ses efforts pour marier ses enfants : *Prohibere autem videtur et qui conditionem non quærit* (D., 23, 2, 19). Antonin le Pieux défendit qu'un mariage *bene concordans* fût dissous par la volonté du père (Paul, 5, 6, 15). Cette défense fut ensuite confirmée par la loi 5, Code 5, 17 (à moins de motifs graves, *nisi magna et justa causa interveniente*).

Il fallait aussi venir au secours des enfants qui ne pouvaient pas se marier par suite de l'état mental de leur père. On se souvient en effet que celui qui était *furiosus vel mente captus* ne pouvait donner valablement de consentement au mariage de l'enfant resté en sa puissance et que par conséquent il ne pouvait pas y avoir de mariage pour eux.

On admit d'abord assez facilement que la fille du *furiosus* ou du *mente captus* pût se marier. On en donnait cette raison que, pour le mariage du fils, le consentement doit être formel tandis que pour le mariage de la fille, il suffit que le père ne s'oppose pas. Il faut encore tenir compte de ce que le mariage de la fille n'amenait pas dans la famille d'héritiers siens et que par conséquent on pouvait être moins rigoureux en ce qui concernait le consentement du père et le présumer.

Il n'en était pas de même du fils de famille.

On commença par établir une distinction entre le *mente captus* dont la maladie est incurable et le *furiosus* dont la maladie présente des intervalles lucides.

Sous le règne de Marc-Aurèle, on permit au fils du *mente captus* de se marier sans le consentement de son père.

Mais il faut arriver jusqu'à Justinien pour voir accorder ce même droit au fils du *furiosus*.

Le consentement du père est alors remplacé par l'intervention du magistrat. C'est sous son autorité que doivent être constituées la dot et la donation *propter nuptias*, et le magistrat prenait l'avis du curateur du *furiosus* et aussi d'une espèce de conseil de famille composé des personnes les plus honorables : *Qui ex genere eorum nobiliores sunt.*

Le même esprit présida aux dispositions qui décident que lorsque le père était absent le fils ou la fille pouvaient se marier après un espace de trois ans depuis la disparition, et même si le mariage avait eu lieu avant l'expiration des trois ans, le mariage n'était rompu par le retour du père que si le mariage était tel que le père n'eût pas consenti au mariage. *Dummodo eam filius ducat uxorem vel filia tali nubat cujus conditionem certum sit patrem non repudiaturum.*

Nous avons vu qu'il est nécessaire pour contracter mariage d'obtenir le consentement des personnes sous la puissance desquelles se trouvent les futurs époux. Quelle est la sanction du défaut de consentement ? Evidemment la nullité du mariage. Cette solution indiquée par le bon sens paraît cependant contredite par un texte de Paul : *Eorum qui in potestate patris sunt sine voluntate ejus matrimonia jure non contrahuntur sed contracta non solvuntur* (Sent., Paul, 2, 19, 2).

Il répugne d'admettre la traduction qui se présente la première et qui consisterait à dire que le mariage contracté au mépris de la volonté du père sera néanmoins maintenu. Cette traduction serait absurde, car dans l'organisation romaine où le mariage a lieu par le seul consentement des époux sans intervention de l'autorité, on arriverait toujours à se passer de cette autorisation.

D'autres ont traduit, en disant que le mariage contracté avec la volonté du père, ne peut pas être dissous par cette même volonté ; cette interprétation a le mérite d'être d'accord avec la nouvelle législation. Depuis Antonin le Pieux, en effet, le père ne pouvait plus, comme autrefois, dissoudre le mariage de celui qui était sous sa puissance (Code, 5, 17, 5.). Mais pour arriver à cette traduction, on est obligé de torturer le texte de Paul. Nous pensons que telle n'est pas la vraie traduction et qu'il faut lire ainsi : *Sed contracta solvuntur,* ce qui signifie alors que pour contracter mariage, il faut le consentement de ceux sous la puissance de qui on se trouve, mais pour dissoudre un mariage contracté, le consentement n'est pas nécessaire, *sed contracta solvuntur,* sous-entendu *sine voluntate.* Cette traduction qui est bien plus conforme au génie de la langue des Romains, exige, il est vrai, la suppression du mot *non.* Mais il est probable que ce mot a été ajouté, soit avec intention, soit par inadvertance au texte de Paul, et en présence de la nécessité ou de supprimer cette particule dans le texte de Paul ou d'admettre pour trouver une explication raisonnable que Paul ait écrit une phrase aussi pénible et aussi contournée, nous n'hésitons pas à choisir la première traduction.

Comme seigneur le *paterfamilias* a, comme nous l'avons dit, non pas un droit de propriété, mais un droit de disposition absolue sur les personnes et les choses qui composent la famille.

C'est en vertu de ce droit qu'il peut aliéner, céder *in mancipio* le fils de famille à un tiers.

La *mancipatio* qui était faite d'un fils de famille, conférait à celui à qui cette *mancipatio* était faite un pouvoir d'une nature particulière. Ce n'était pas la *patria potestas,* elle restait au père, ce n'était pas la *dominica potestas,* le fils ne cessait pas d'être un homme libre, c'était le *mancipium,* le fils était *in mancipio*, ce qui donnait le droit d'exiger du fils les services, les utilités que l'on retirait d'un esclave. mais sans que ce dernier perdît les avantages de l'ingénuité. On explique sa situation en disant qu'il est *loco servi* et, comme l'esclave acquiert à son maître, de même le fils de famille acquiert à celui qui a le *mancipium*.

Le père de famille transmet ainsi à un tiers, non pas sa puissance paternelle, mais un des attributs de cette puissance, un bien qui fait partie de son patrimoine.

Dans les idées romaines, le fils de famille n'était pas comme l'esclave une chose, une fraction du patrimoine, mais l'utilité, les services qu'on pouvait tirer du fils, l'usufruit, si on peut se servir de cette expression, en faisait partie.

C'était cela que le père avait dans son patrimoine, c'était de cela dont il pouvait disposer, et il pouvait en disposer en maître absolu, le fils ne pouvait s'opposer à ce que son père transférât à un tiers, l'utilité que son père aurait pu exiger de lui et nous ne voyons pas, en effet, que le père eût besoin du consentement du fils pour le donner *in mancipio*.

Il en était autrement de l'émancipation, comme nous le verrons plus loin, ainsi que de l'adoption qui faisait perdre au fils les droits de famille, de succession et pouvait ainsi lui préjudicier.

Le fils de famille *in mancipio*, contrairement à l'esclave, est sensible à l'outrage, il ne doit pas être traité ignominieusement par celui qui a sur lui le *mancipium adversus, eos qui in mancipio habemus nihil nobis contumeliose, licere facere alioquin injuriarum actione tenebimur* (Gaius, Inst., 1, 141).

Le fils de famille est libéré plus facilement de la puissance sous laquelle il se trouve, il n'est pas considéré comme un bien, une valeur entre les mains du maître, il peut être affranchi même par celui qui est insolvable, sans que les créanciers puissent s'en plaindre. Gaius nous avertit que la loi *Ælia Sentia* ne leur est pas applicable (Gaius, 1, 139).

Le fils de famille *in mancipio* peut exiger son émancipation devant le censeur lorsque l'individu qui avait le *mancipium*, est désintéressé ; c'est une autre conséquence de ce que, dans l'acquisition du pouvoir particulier appelé *mancipium*, l'acheteur avait acquis, non pas la personne même du fils, de même qu'on achetait la personne d'un esclave, ce qui aurait exclu la possibilité de contraindre ce dernier à une émancipation ; mais les services du fils, et comme la personne était en dehors du *mancipio*, aussitôt que le fils pouvait satisfaire à l'équité en remboursant l'acheteur, sa personne qui n'avait jamais été engagée, se débarrassait de l'entrave du *mancipium*, et reprenait la libre disposition d'elle-même.

Ce remboursement pouvait être fait par l'enfant, par le père ou par une tierce personne. (Paul, Sent., 5, 1, 1, Code, 4, 43, 2.)

Le fils de famille tombait *in mancipio* par plusieurs causes :

1º Par la vente que le père faisait de l'enfant qu'il avait sous sa puissance;

2º Par l'abandon *noxali causa*.

Paul, dans le paragraphe des Sentences que nous avons cité plus haut, suppose la vente des enfants. *Qui filios suos contemplatione extremæ necessitatis aut alimentorum gratia filios suos vendiderint.* (Paul, Sent., V, 1, 1.)

Le père avait donc ce droit : il résulte d'une constitution de Constantin, qu'il pouvait vendre ses enfants, *sanguinolentos*, et qu'il ne pouvait les vendre que dans ce cas.

Si quis propter nimiam paupertatem egestatemque victus causa filium filiamve sanguinolentos vendiderit venditione in hoc tantummodo casu valente. (C., IV, 43.)

Cette vente des enfants *sanguinolenti* paraît n'être qu'une exception à la règle qui est posée au même titre dans la loi 1, qui défend la vente des enfants. Le père de famille, par suite de l'organisation romaine, avait la libre disposition du patrimoine de la famille, c'était donc à lui qu'on devait s'adresser pour obtenir la réparation du préjudice commis par une des personnes composant la *familia*, par un esclave ou un fils de famille qui était en puissance.

Le père actionné par la victime du préjudice causé devait réparer le préjudice, quelque considérable qu'il fût.

Mais il était admis chez les Romains que les délits ou les quasi-délits d'un esclave ne pouvaient causer une perte supérieure à la valeur même de cet esclave. Cela était vrai également pour les enfants en puissance.

Erat enim iniquum nequitiam eorum ultra ipsorum corpora parentibus dominisve damnosam esse. (Gaius, IV, 75.)

Le mécanisme de l'action noxale était très-simple, l'action en réparation du préjudice causé était donnée à la victime contre le maître de l'esclave ou le *paterfamilias* qui avait la puissance sur l'enfant.

Ils étaient obligés de payer l'indemnité arbitrée par le juge, *litis æstimationem sufferre.* Si le maître ou le *paterfamilias* trouvait l'indemnité trop onéreuse, il avait une ressource : c'était d'abandonner *noxaliter* l'enfant ou l'esclave auteur du délit.

Cet abandon *noxaliter* pouvait se faire à toute époque de la procédure, il se faisait au moyen d'une *mancipatio* qui faisait passer l'esclave ou le fils de famille *in mancipio* de la personne lésée.

Le père de famille pouvait manciper *noxali causa,* non-seulement son fils, mais encore sa fille. Justinien trouva cette faculté immorale, surtout à l'égard des filles, et l'abandon noxal ne fut plus maintenu que pour les esclaves.

L'esclave en effet ne pouvait pas s'obliger personnellement à la différence du fils de famille *qui ex omnibus causis tanquam paterfamilias obligatur.* (D., 44, 7, 39.)

La partie lésée perd ainsi l'action noxale qui était avantageuse. Mais il lui reste l'action directe contre le fils de famille, auteur du délit ou quasi-délit. Cette action lui permet d'obtenir une condamnation personnelle contre le fils.

Comment tirera-t-il parti de cette condamnation ?

Si le fils de famille n'a aucun pécule, il sera obligé .d'attendre.

Si le fils de famille a un pécule, il faut distinguer : ou c'est un pécule profectice, et alors la personne lésée qui a contre le fils l'action *judicati*, peut obtenir que cette action lui soit donnée *de peculio*, ce qui lui permettra d'être payée par le père jusqu'à concurrence du pécule.

Lors, au contraire, que le *pécule* du fils est *castrense*, ou *quasi-castrense*, l'action *judicati* s'exercera sur ces pécules, puisque, relativement à eux, le fils est traité comme un *paterfamilias* ; enfin si le pécule est un pécule adventice, le fils pourra être poursuivi sur la nue propriété de ce pécule, dont l'usufruit appartient au père.

En matière d'abandon noxal l'aliénation du fils n'est pas volontaire, la loi des Douze Tables qui exigeait, pour l'anéantissement de la puissance paternelle sur le fils, trois mancipations, était faite dans l'hypothèse d'une mancipation volontaire. Y a-t-il lieu alors d'appliquer la loi des Douze Tables en matière de mancipation par abandon noxal? En autres termes, après la mancipation *noxali causa* suivie d'une émancipation, le fils *est sui juris*, si conformément à l'opinion des Sabiniens, on admet que l'on se trouve hors du cas prévu par la loi des Douze Tables et que la seule mancipation qui a eu lieu suffit pour détruire la puissance paternelle. Au contraire, le fils retombe sous la puissance paternelle, si comme le pensent les Proculiens, la destruction de la puissance paternelle ne doit avoir lieu, même dans le cas de mancipation *noxali causa*, que par trois mancipations successives.

Nous pensons qu'il s'agit ici d'aliénation volontaire du fils, puisque ce n'est que par l'effet d'un libre choix et parce que cela lui est plus avantageux que le père préfère manciper *noxali causa* ; il a toujours le moyen de conserver son fils en payant l'indemnité *litis æstimationem*, et par conséquent nous pensons qu'il n'y a pas lieu de faire de distinction et que, conformément à l'opinion des Proculiens, l'enfant mancipi *noxali causa*, puis émancipé, rentre sous la puissance paternelle.

COMMENT FINIT LA PUISSANCE PATERNELLE

La puissance paternelle prend fin par des causes indépendantes de la volonté du père de famille ou par l'effet de cette volonté.

Elle prend fin par la mort du *paterfamilias* qui en était revêtu ou par celle du *filiusfamilias* qui y était soumis, avec cette distinction que la mort du *paterfamilias* ne libère pas les enfants de la puissance paternelle, si le *paterfamilias* était un aïeul qui avait tout à la fois sous sa puissance son fils et ses petits-enfants. Dans ce cas en effet les petits-enfants libérés de la puissance paternelle de leur grand-père retombent sous la puissance de leur père (Inst., I, 12).

Les différents événements qui font perdre au *paterfamilias* ou au *filiusfamilias* la qualité de citoyen romain sont aussi des causes d'extinction de cette puissance, car elle ne peut exister qu'entre citoyens romains.

Nous voyons dans les jurisconsultes que le *filiusfamilias* ne pouvait contraindre son père à se démettre de la *patria potestas*.

Non potest qui est in potestate patris ullo modo compellere ne sit in potestate sive naturalis sive adoptivus. (Marc., liv. V, Reg.)

Cette disposition se comprend parfaitement si l'on se souvient quels étaient les nombreux titres en vertu desquels le père avait la *patria potestas*.

Mais les empiétements du pouvoir civil sur le pouvoir paternel se sont manifestés sur ce point comme sur les autres, et Justinien, beaucoup moins affirmatif que Marcien, dit : *Et quod neque naturales liberi neque adoptivi nullo pene modo possunt cogere parentes de potestate sua eos dimittere.*

On en était arrivé en effet à obliger le père à se démettre de sa puissance paternelle en émancipant ses enfants, lorsqu'il usait vis-à-vis d'eux de mauvais traitements ou lorsqu'il les corrompait.

Trajan oblige un père à émanciper son fils *quem male contra pietatem afficiebat.*

La captivité chez l'ennemi qui faisait perdre au

citoyen romain la liberté et par suite la cité éteignait la puissance paternelle et rendait le fils de famille *sui juris*, mais il ne faut pas oublier que le droit de puissance paternelle, de même que les autres droits, renaissait en faveur du captif s'il recouvrait la liberté. C'était une conséquence de la théorie du *postliminium*, et les enfants qui avaient été *sui juris* retombaient sous la puissance de leur père.

Parmi les causes qui mettent fin à la puissance paternelle, même contre la volonté du *paterfamilias*, il faut encore compter l'élévation du fils de famille à certaines dignités importantes.

Justinien a décidé que le fils investi du titre de patrice cessera d'être soumis à la puissance paternelle.

C'est une innovation de Justinien qui s'appuyait sur un précédent. Gaius nous dit en effet que les *flamines Diales* et les vestales sont affranchis de la puissance paternelle.

Ces exceptions étaient les seules. Justinien l'a proclamé lui-même (Inst., I, liv. 12, § 4). *Filiusfamilias si militaverit vel si senator vel consul factus fuerit manet in potestate patris.*

Ce ne fut que plus tard dans la novelle 81 que Justinien décide que les consuls, les préfets, les *magistri militum* et les évèques sont libérés de la puissance paternelle par le fait même de leur élévation à cette dignité.

Cet affranchissement de la puissance paternelle par l'élévation du fils à certaines dignités, avait ceci de remarquable que l'agnation du fils restait intacte ainsi que les droits de succession qui étaient pour le fils la conséquence de cette agnation. Gaius (C., III, § 114) explique, à propos de l'adstipulation, que le fils de famille est alors affranchi de la puissance paternelle sans *capitis deminutio*, absolument comme s'il en avait été affranchi par la mort du 'père. Ce n'est pas ce qui avait lieu, lorsque le fils devenait *sui juris* par l'émancipation, dont nous allons parler plus loin ; l'émancipation opérait une *deminutio capitis*, et faisait perdre au fils les bénéfices de l'*agnatio*, l'émancipation était alors une peine, une privation des droits de succession. On comprend alors pourquoi l'affranchissement qui avait lieu par suite de l'élévation du fils à certaines dignités, ne pouvait pas avoir ce caractère pénal de priver l'enfant de ses droits de famille, la distinction perdit d'ailleurs de son intérêt, lorsque plus tard, par suite des réformes législatives, l'émancipation elle-même laissa subsister les droits de famille (Nov. 81, chap. 2).

Nous avons à nous occuper maintenant du cas où le *paterfamilias* se démettait volontairement de la puissance paternelle, le mode employé pour libérer un enfant de la puissance paternelle était l'émancipation ; et nous nous rappelons que le père pouvait émanciper le fils et garder les petit-fils sous sa puissance ou à l'inverse, émanciper les petits-fils et garder le fils en sa puissance.

L'émancipation était auparavant une peine pour

l'enfant. Par l'émancipation, il cessait de faire partie de la famille, de participer à la copropriété des biens, et à la mort du *paterfamilias*, il n'était pas admis à la succession légitime concurremment avec ses frères restés en puissance.

Avec le droit prétorien et la législation de Justinien, le caractère de l'émancipation change. Ce n'est plus une cause d'exclusion de la succession, et alors au lieu d'être une chose dommageable, elle devient un bienfait pour l'enfant. Comme conséquence de cette idée, l'émancipation est révocable pour cause d'ingratitude. (Frag. vat., 248, Code VIII, 50.)

Néanmoins, l'émancipation ne peut être imposée à l'enfant *filiusfamilias emancipari invitus non cogitur*. (Paul, II, 25, 5.)

Le père qui peut manciper son fils, le condamner comme juge, à des peines cruelles et même à mort, n'a pas un pouvoir suffisant pour émanciper son fils, si ce dernier résiste.

Ces sortes de contradictions se rencontrent dans le droit romain; nous voyons, en effet, que le père qui pouvait ôter la vie à ses enfants, ne pouvait pas leur enlever la liberté. On se souvient, en effet, de la différence profonde qui existe entre l'individu *in mancipio* et l'individu *in servitute*.

Libertati a majoribus tantum impensum est, ut patribus quibus jus vitæ in liberos necisque potestas erat permissa libertatem eripere non liceret (Cod., 8, 48, 10).

Et on peut encore en donner cette raison que

l'émancipation n'a jamais été regardée comme une peine. Singulière, en effet, serait cette peine qui détruirait la puissance de celui qui l'inflige.

L'émancipation se faisait au moyen de mancipations et d'affranchissements successifs.

Il fallait, d'après la loi des Douze Tables, trois mancipations pour éteindre la puissance paternelle sur un fils, une seule mancipation suffisait pour une fille.

Celui qui affranchissait l'individu du *mancipio* avait sur lui les droits d'un patron, c'est-à-dire des droits de tutelle et d'hérédité; il était important pour le père de conserver ces droits et, pour y arriver, il mancipait l'enfant à un ami, en insérant la condition que cet ami lui remanciperait l'enfant au lieu de l'affranchir. C'était alors le père lui-même qui avait sur son enfant, non plus la puissance paternelle, elle était éteinte par suite de la *mancipatio*, mais le *mancipium*, le père affranchissait l'enfant du *mancipium*, et acquérait ainsi les droits de patron. Tel était l'objet de la clause dite de *fiducie*. Cette clause était insérée lors de l'unique mancipation, s'il s'agissait d'une fille, lors de la troisième mancipation, s'il s'agissait d'un garçon.

L'émancipation était un acte volontaire du *paterfamilias* par lequel il libérait son fils de la puissance paternelle pour en faire un citoyen *sui juris*.

Nous avons vu que l'émancipation ne pouvait être imposée au père et que son consentement était nécessaire.

Un autre moyen d'éteindre la puissance paternelle également volontaire de la part du père et pour lequel il faut le consentement du fils ou petit-fils qui y est soumis, est la dation en adoption, qui a pour but, non pas comme tout à l'heure, de rendre l'enfant *sui juris*, mais de le faire passer sous la puissance d'un autre *paterfamilias*.

Pour arriver à l'adoption on éteignait la puissance paternelle de la même manière que pour l'émancipation, lorsque le *mancipium* était entre les mains du *paterfamilias*, celui qui voulait adopter revendiquait l'enfant contre le père qui ne contredisait pas et l'adoptant acquérait ainsi la puissance paternelle sur l'enfant. Ce simulacre se passait devant le magistrat au moyen de l'action nommée *cessio in jure*.

Plus tard les formes furent simplifiées : l'émancipation et l'adoption purent avoir lieu au moyen de déclarations faites devant le magistrat compétent, l'émancipation ainsi faite aura toujours l'effet d'une émancipation faite avec contrat de fiducie. La puissance paternelle se dissout encore relativement aux filles par la *coemptio in manum mariti* ; la *manus* était un pouvoir particulier qui appartenait au mari sur sa femme ; la *manus* qui se rencontrait dans presque tous les mariages, n'était pas une condition nécessaire du mariage, il pouvait y avoir mariage sans que la femme fût *in manum mariti*, la *coemptio* était avec l'*usus* et la *conferraetio*, un des moyens par lesquels le mari acquérait la *manus* sur sa femme.

Nous venons de parcourir les droits du père, et les adoucissements qui ont été apportés à leur rigueur trop absolue. Malgré ces atténuations, on peut adresser trois reproches à la puissance paternelle :

1º Elle ne s'affaiblissait pas au fur et à mesure que l'enfant grandissait et ne cessait pas lorsque l'enfant était arrivé à l'âge d'homme.

2º Le père avait un rôle trop effacé vis-à-vis du grand-père chef de famille, malgré l'énorme différence des âges le père et le fils étaient égaux devant le grand-père.

3º La mère n'avait pas de participation dans l'exercice de la puissance paternelle.

ANCIEN DROIT FRANÇAIS

Le droit romain existait dans le midi de la Gaule et le puissant génie colonisateur des Romains avait fait du droit romain le droit national. Ce droit subsiste, malgré l'invasion des Barbares, et avec le droit romain se trouve l'organisation romaine, civile, politique et administrative qui comportait, ainsi que nous l'avons dit, la puissance paternelle.

A côté et dans le nord de la Gaule se trouvaient des peuples qui n'avaient pas été pénétrés comme ceux du Midi par l'influence romaine et qui avaient conservé leur organisation.

L'invasion des Barbares en se répandant sur la Gaule ne modifia pas sensiblement cet état de choses.

L'organisation de la famille romaine nous est suffisamment connue, c'est la puissance paternelle telle qu'elle existait à Rome avec les modifications qui y

avaient été apportées par les empereurs romains.
Nous n'y reviendrons pas.

Les peuples du nord de la Gaule avaient l'organisation de la famille des Germains.

Nous avons vu combien était puissante l'organisation romaine de la famille : elle reposait sur cette
idée que le père était le représentant du groupe familial avec un plein pouvoir de disposer des biens et
de l'utilité que pouvait procurer la personne, mais
non de la personne elle-même.

L'organisation germaine de la famille était fondée
sur cette idée bien différente que le père de famille
était le représentant de l'agglomération familiale
avec un devoir de protection.

Comme conséquence de cette idée, nous voyons
que dans le droit germain, les biens appartiennent
à la famille, et que le père n'a pas le droit de les
aliéner.

Quant aux personnes, le père n'avait que le droit
et le devoir de les protéger, il lui est interdit de
vendre ses enfants, la loi des Visigoths nous en
fournit une preuve. *Parentibus filios suos vendere
non liceat aut donare aut oppignerare* (lex Visi-
goth antiq., 2). Le pouvoir protecteur du père sur ses
enfants se nommait *mundium*. Sa durée dépendait
des nécessités de la protection qui lui servait de
fondement.

Vis-à-vis des garçons, le *mundium* durait jusqu'à
l'âge où ils pouvaient se protéger eux-mêmes, c'est-
à-dire jusqu'à l'âge où le fils était reconnu digne de

porter le bouclier et la framée qu'il recevait dans l'assemblée de la nation.

A l'égard des filles qui avaient, toute leur vie, besoin de protection, le *mundium* durait tout le temps de leur vie. Ce droit de défendre et de protéger la jeune vierge, appartenait au père, puis au plus proche parent paternel. A défaut de parents paternels, le *mundium* appartenait au roi qui, dans la société germaine, était le protecteur de tous ses sujets, de même que le père était le protecteur de tous les membres de sa famille.

Lorsque la jeune fille se mariait, le *mundium* était remis au mari qui désormais était chargé de la défendre.

Quant aux abus de la puissance paternelle qui pouvaient se produire, les seigneurs n'en répondaient guère que devant Dieu.

Si nous jetons les yeux sur la classe inférieure, nous voyons les pères, les mères, et les enfants soumis au même pouvoir, le pouvoir du seigneur, vivant ensemble, travaillant ensemble, nous ne trouvons de place que pour la puissance naturelle du père sur les enfants ; la puissance paternelle, résultant d'une organisation civile, fait complétement défaut. La constitution sociale ne reposant pas sur la constitution des familles, mais sur la division de la société en deux classes : l'une protégée, l'autre protectrice.

Les membres de la classe protectrice sont eux-mêmes soumis, suivant la hiérarchie féodale, les uns aux autres, jusqu'au roi qui était le suzerain de tous les seigneurs.

Mais il arriva que la classe protectrice oubliant son rôle et ses devoirs, opprima ceux qu'elle devait protéger, d'un autre côté, la classe protégée parvint par son travail, son industrie, un esprit d'association bien dirigée à s'élever, de manière à balancer l'influence de la classe noble qui, de son côté, s'affaiblissait par l'oubli des vertus qui l'avaient honorée, et des devoirs qui justifiaient ses prérogatives.

C'est l'époque à laquelle l'autorité royale commence à revendiquer le droit de rendre la justice, et au nom de la protection que le roi doit à tous ses sujets ; il commence à contrôler les actes du père vis-à-vis de ses enfants.

A l'époque barbare et à l'époque féodale, il y avait un état de fait, la société n'était pas organisée. Chaque seigneur était maître dans l'étendue de son domaine, et la famille était livrée à ses intincts naturels.

A la fin de l'époque féodale le droit sous l'influence des légistes et du droit romain reprend son empire, il paraît comme se réveiller d'un long sommeil et nous trouvons dans les coutumes qui furent rédigées à cette époque, les règles concernant la puissance paternelle.

On retrouve à cette époque et après les temps féodaux la persistance des deux législations qui s'étaient partagé la France.

Au Nord, se continue le développement de cette

idée germanique que le père est le représentant et le protecteur de la société familiale.

Au Midi au contraire le père est conformément au droit romain le propriétaire de la société familiale.

La différence de ces origines et de ces principes se fait sentir dans tout le droit ancien de la France, comme nous allons le constater dans l'analyse rapide que nous allons en faire.

DROIT ÉCRIT

La législation en vigueur dans les pays de droit écrit était la législation romaine telle qu'elle existait à la fin de l'empire.

La puissance paternelle durait pendant toute la vie de l'enfant qui y était soumis et s'étendait sur les enfants du fils. Elle ne cessait que par la volonté exprimée par le père de se dessaisir de cette puissance, c'est-à-dire par l'émancipation.

En principe cette volonté d'émanciper devait être exprimée d'une manière précise et formelle.

Nous trouvons dans un livre publié par M. Ch. de Ribbes la description, d'après les papiers d'anciennes familles, de la cérémonie de l'émancipation.

La scène se passe devant un magistrat. Le père annonce son intention d'émanciper; le magistrat l'interpelle pour savoir s'il agit librement et alors ledit père, étant assis sur une chaise et son fils au-devant de lui, à deux genoux, nu tête, a mis les mains de son dit fils entre les siennes. Alors s'inclinant à la prière et réquisition d'icelui, de son pur gré, franche et libre volonté, l'a émancipé et mis en liberté et hors de la puissance paternelle, sauf naturellement l'honneur, respect et amitié que lui doit son fils stipulant et humblement remerciant.

En signe de quoi, son dit père élargissant ses mains a relaxé celles de son dit fils, l'a mis et le met en pleine liberté, le faisant père de famille pour d'hors en avant trafiquer, contracter tous actes, s'obliger personne et biens, acquérir à son profit, soit par libéralité d'autrui, soit par bonne fortune en son labeur et industrie.

Indépendamment de cette émancipation formelle qui était requise en principe, il y avait l'émancipation tacite. On présume chez le père la volonté d'émanciper dans deux cas:

1° Si l'enfant a une habitation séparée de celle de son père, pourvu que cette séparation d'habitation ne soit pas imposée par les circonstances. Elle devait subsister pendant un certain temps qui variait suivant les localités, mais qui était en général fixé à 10 ans.

2° Si l'enfant était revêtu des grandes charges publiques. C'était l'application des règles du droit romain. L'usage à cet égard variait suivant les provinces : les unes n'admettaient pas que l'émancipation résultât de plein droit d'aucune charge publique, les autres reconnaissaient à certaines fonctions seulement le pouvoir de procurer l'émancipation de plein droit. On s'accordait en général à reconnaître que le fils était émancipé lorsqu'il était élevé à la dignité de gouverneur de province, de lieutenant-général, de ministre et conseiller d'État.

Le père de famille avait le droit incontestable et absolu de diriger l'éducation de son fils et de le corriger.

Ce droit de correction était le droit tel qu'il existait dans le dernier état du droit romain.

Basset rapporte un arrêt rendu le 16 septembre 1663, par le parlement de Grenoble qui condamne aux galères perpétuelles un fils qui avait attenté à la vie de son père et à celle de sa mère. Cet arrêt a été rendu sur l'appel interjeté par le procureur général de Grenoble d'une sentence rendue par le père du coupable qui, en vertu de son pouvoir paternel, avait exclu son fils de sa succession comme indigne et l'avait condamné à 20 ans de galère.

DROIT COUTUMIER

Dans les pays de coutume le père a aussi la puissance sur ses enfants, car il ne faut pas prendre à la lettre la maxime de Loisel, qu'en pays de coutume droit de puissance paternelle n'a lieu, mais cette puissance est bien différente de celle qui a lieu dans les pays de droit écrit.

La puissance paternelle dans les pays de coutume est toute dans l'intérêt de l'enfant. Elle est, comme nous l'avons dit, le développement de cette idée germaine que le père est le représentant et le protecteur du groupe familial.

Cette idée différente de l'idée dominant dans les pays de droit écrit imprime à la puissance paternelle dans les pays de coutume un caractère tout différent, mais cela n'empêche pas que sur certains points il ne se rencontre des règles communes à la puissance paternelle de droit écrit et à la puissance paternelle de droit coutumier.

Une des différences les plus saillantes entre les deux législations consiste dans la durée de la puissance paternelle.

En pays de droit écrit elle ne cesse en principe que par la mort du père ou par la volonté formellement exprimée par lui de se dessaisir de la puissance paternelle. Elle est organisée dans l'intérêt de ce dernier et on présume difficilement qu'il renonce à son droit.

Dans les pays de coutume au contraire le père n'étant investi de la puissance paternelle que dans l'intérêt de la famille qu'il est chargé de représenter, la puissance paternelle qui lui est conférée, cesse dès que le membre de la famille qui a droit à la protection, est arrivé à ne plus avoir besoin de protection. C'est ce qui a lieu pour les filles et les garçons lorsqu'ils sont parvenus à l'âge de leur majorité.

L'émancipation a encore lieu lorsque les enfants, du consentement de leurs parents, ont un domicile séparé du domicile de leurs parents. C'est en effet une preuve évidente qu'ils étaient capables de se protéger eux-mêmes.

Le mariage contracté par le fils du consentement du père avait aussi pour effet de l'émanciper, le fils en effet devenant lui-même protecteur de sa femme, était considéré comme n'ayant plus besoin de protection.

Enfants mariés sont tenus pour hors de pain et de pot, dit Loisel.

A quel âge avait lieu l'émancipation? Il nous semble inutile d'entrer dans le détail des diverses coutumes qui fixaient l'âge auquel les enfants étaient majeurs; il nous suffit de savoir qu'il y avait à cet égard une grande diversité et que l'âge le plus habituellement reconnu pour être celui de la majorité était l'âge de 25 ans.

Le droit coutumier reconnaissait aussi au père le droit d'émanciper son fils avant l'âge fixé par la coutume lorsqu'il le jugeait capable avant cet âge de se protéger lui-même.

Quant au droit de garde, de correction et d'éducation, il n'y avait pas de différence sensible entre le droit coutumier et le droit écrit; quel que soit en effet le principe sur lequel repose l'autorité paternelle, il est de son essence de donner au père le droit d'élever ses enfants et comme conséquence le père a le droit de garde, c'est-à-dire le droit de leur assigner une résidence et de les y faire revenir lorsqu'ils en sortent et le droit de correction qui est entre les mains du père le droit sanctionnateur des pouvoirs qui lui sont donnés et le moyen de faire respecter cette autorité si elle était méconnue.

Nous trouvons dans le droit coutumier de nombreux exemples qui nous montrent que le père avait le droit de correction, à peu près de la même manière que ce droit était accordé au père de famille dans le dernier état du droit romain, mais ce droit avait été poussé à l'excès et les tribunaux avaient dû comme en droit romain, interposer leur autorité.

En droit coutumier comme en droit écrit, le père avait un pouvoir absolu relativement au mariage de ses enfants.

Nous avons dit que le père de famille était obligé d'élever ses enfants. Comme sanction du devoir qui lui incombe, il est responsable des actes de ses enfants, et doit réparer le préjudice causé pas ses enfants, la coutume de Bretagne avait formulé cette règle ainsi :

Si l'enfant fait tort à autrui tant qu'il sera au pouvoir de son père, le père doit payer l'amende civile parce qu'il doit châtier ses enfants.

Cette disposition était adoptée dans la plupart des coutumes et elle nous semble conforme aux principes qui, selon nous, servent de base à l'organisation de la famille dans les pays de droit coutumier. Dans ces pays en effet la famille forme un groupe qui a pour représentant le père, et par conséquent si un membre de ce groupe fait tort à autrui, tout le groupe est engagé à réparer ce tort, et comme c'est le père qui en est le représentant, c'est à lui de répondre aux demandes formées contre tous.

Tout autre était la disposition du droit romain. Le père ne répondait pas du tort causé à autrui par son enfant en sa puissance, à moins que le fils n'eût un pécule et alors le père était responsable seulement dans les limites de l'importance du pécule.

La mère avait un droit de puissance sur la personne. (Lex Burg., tit. 59, liv. 14.) *Patre mortuo filii in matris potestate consistunt.*

Ce droit de puissance était accordé à la mère contrairement à ce qui avait lieu en droit romain, nous en trouvons la preuve dans Pothier, qui dit que la puissance paternelle consiste dans deux choses :

1° Dans le droit qu'ont les père et mère de gouverner la personne et les biens de leurs enfants, jusqu'à un certain âge.

2° Dans celui d'exiger de leurs enfants, certains devoirs de respect et de reconnaissance.

La mère avait la jouissance du droit de puissance paternelle, elle n'en avait pas l'exercice qui appartenait au père, mais à la mort du père, les enfants tombaient sous la puissance de la mère.

La mère, si elle se remariait, perdait dans quelques coutumes son droit de puissance parternelle, mais dans d'autres coutumes son nouveau mari trouvait ce droit dans les biens de sa femme, et l'exerçait en vertu de son pouvoir marital, de même qu'il exerçait les autres droits.

Il en était ainsi dans la coutume de Liége où il est dit : Les enfants de mariage légitime sont en la puissance de leur père, et advenant la mort d'icelui, tombent en la puissance et mainbournie de leur mère et si elle se remarie en celle de leur parâtre.

L'enfant naturel, le bâtard, n'existait pas dans la famille. Un bâtard est entendu hors de pain, dès lors qu'il est né, disait-on. Ce qui veut dire que la puissance paternelle n'existait pas pour lui.

Mais si le bâtard n'était pas comme l'enfant légitime, soumis à la puissance paternelle, le bâtard était protégé en ce sens que ses père et mère étaient obligés de le nourrir et de l'élever.

Qui a fait l'enfant doit le nourrir. L'obligation des père et mère naturels vis-à-vis de leur enfant était même assez étroite, il ne suffisait pas en effet d'une nourriture et d'une éducation quelconque, elle devait être en rapport avec la fortune et la position des parents naturels.

M. Chardon, dans son Traité des trois puissances, cite un arrêt du parlement de Paris, du 18 juin 1607, par lequel un père qui ne voulait faire apprendre à ses enfants naturels que le métier de boucher, serger ou boulanger, fut condamné à leur donner une profession moins vile.

Le pouvoir paternel dans les pays coutumiers et dans les pays de droit écrit, avait été détourné de son but. Des abus s'étaient produits surtout en ce qui concernait le droit de correction. Des pères s'étaient rencontrés qui avaient abusé de leur puissance pour contraindre leurs enfants à des actes auxquels ne devait pas s'étendre la volonté paternelle. Il en résulta que cette puissance se déconsidéra par son exagération, et qu'elle devint odieuse par des actes de rigueur et de cruauté excessives.

Les législateurs antérieurs au Code civil, préoccupés de cette idée que le pouvoir paternel était un despotisme, le réduisirent au point de vue de l'étendue du droit qui ne fut plus accordé au père, que jusqu'à la majorité, c'est-à-dire jusqu'à 21 ans, et au point de vue du droit de correction qui fut restreint dans des limites très-étroites, avec l'obligation de l'exercer avec le concours du magistrat et de la famille. Enfin le père n'eut plus le droit de tester ce qui était encore lui retirer une sanction de son pouvoir, un moyen de punir ou de récompenser la conduite de ses enfants.

En un mot le législateur en détruisant l'autorité du chef du groupe familial, détruisit le groupe lui-même.

DROIT FRANÇAIS

DE LA PUISSANCE PATERNELLE

SUR LA PERSONNE DE L'ENFANT

Nous avons vu le caractère absolu de la puissance paternelle s'atténuer dans le dernier état du droit romain, par suite de l'intervention du pouvoir social, qui a exercé son contrôle sur le droit du père, et s'est attribué plusieurs de ses prérogatives.

Cette puissance paternelle du droit romain subsiste dans le midi de la France, qu'on a nommé Pays de droit écrit, tandis que dans le nord de la France, désigné sous le nom de Pays de droit coutumier, se trouve une puissance paternelle différente.

Le point commun de ces deux puissances paternelles est qu'elles servent de base à la constitution de la société par une puissante constitution de la famille.

Dans. la puissance paternelle des pays de droit écrit, le père nous a paru être propriétaire de la personne et des biens composant le groupe familial.

Dans les pays de droit coutumier, le père nous a paru être le protecteur et le représentant des personnes et des biens composant le groupe familial.

Le droit intermédiaire a brisé cette organisation de la famille, il a proclamé que les enfants étaient complétement indépendants des parents et admis la jouissance divise des biens, au profit de chacun des membres composant le groupe familial.

Nous allons voir comment le Code civil a organisé la puissance paternelle et la famille.

Quelle est la situation légale du père et de la mère vis-à-vis de l'enfant, quels sont les droits dont ils jouissent pour l'accomplissement du devoir d'élever leurs enfants, qui leur est prescrit par la loi naturelle et par la loi civile? Quelles sont les obligations qui leur sont imposées?

Les droits du père et de la mère se résument en un mot la puissance paternelle.

Ils se composent du droit de garde, du droit de correction et du droit d'éducation.

Il convient d'étudier ces droits de garde, d'éducation et de correction:

1º Entre les mains du père et de la mère pendant le mariage.

2º Entre les mains du père survivant en distinguant s'il est ou s'il n'est pas remarié.

3º Entre les mains de la mère survivante en distinguant également si elle est ou si elle n'est pas remariée.

4° En cas de séparation de corps.

5° Entre les mains du père et de la mère naturels.

6° Enfin il y a lieu d'étudier comme conséquence de la puissance paternelle la responsabilité civile qui incombe au père et à la mère à raison du fait de leurs enfants.

A côté des droits de garde, d'éducation et de correction qui sont accordés au père et à la mère vis-à-vis de leurs enfants, se placent d'autres droits qui dérivent également de la puissance paternelle et qui sont accordés au père et à la mère plutôt vis-à-vis du jeune homme que vis-à-vis de l'enfant. Le caractère dominant de ces droits est la protection, la direction, le conseil ; ce sont les droits de consentir au mariage, à l'adoption, à l'entrée dans certaines carrières, le droit de désigner le tuteur.

Il y aura lieu ensuite de s'arrêter sur les causes qui mettent fin à la puissance paternelle et qui sont la majorité de l'enfant, son émancipation et les décisions judiciaires.

La puissance paternelle est de droit naturel et la loi civile ne fait que sanctionner et reconnaître ce droit. Jean Bodin, dans son ouvrage sur la *République*, s'exprimait ainsi : « le prince commande aux
» sujets, le magistrat aux citoyens, le maître aux
» disciples, le capitaine aux soldats, mais de tous
» ceux-là il n'y en a pas un à qui nature donne
» aucun pouvoir de commander, hormis au père qui

» est la vraie image du grand Dieu souverain, père
» universel de toutes choses » (ch. IV, p. 29).

C'est dans le mariage que se trouve le fondement
de la puissance paternelle ; l'art. 203 du Code civil
consacre en ces termes l'obligation qui incombe aux
père et mère d'élever leurs enfants :

« Les époux contractent ensemble, par le seul fait
» du mariage, l'obligation de nourrir, entretenir et
» élever leurs enfants. »

Et pour rendre cette tâche plus facile aux père et
mère l'art. 372 ajoute que l'enfant reste sous leur
autorité jusqu'à sa majorité ou à son émancipation.

Comme conséquence de ces deux dispositions le
législateur a accordé au père et à la mère les droits
énumérés au titre de la puissance paternelle.

Il résulte de l'art. 372 que le législateur a accordé
la puissance paternelle non pas au père tout seul,
mais au père et à la mère ; l'article dit en effet que
l'enfant demeure sous leur autorité. Le droit de la
mère à l'exercice de la puissance paternelle a été
formellement reconnu dans la séance du 1er germinal
an XI où l'on disait : « Il (le père) est considéré en
» effet comme le chef de la famille par les principes
» admis sur le mariage ; il est dans l'ordre et c'est
» une conséquence qu'il en ait les prérogatives ; le
» pouvoir, s'il était en même temps partagé entre
» plusieurs, s'affaiblirait par cela même et tomberait
» en sens contraire de son institution. Le projet de
» loi n'entend pas par là ne pas associer la mère à

» cette magistrature;elle l'exerce à son tour et prend
» la place du père s'il vient à manquer. »

Ce que nous venons de dire indique dans quel sens
il faut entendre ces mots de l'art. 373 : « Le père seul
» exerce cette autorité pendant le mariage », c'est-à-
dire que les droits du père et de la mère sont égaux,
et que toutes les fois que, par une circonstance quelconque, le père ne fait plus obstacle à l'exercice par
la mère de l'autorité paternelle, la mère exerce cette
autorité avec toute la plénitude des pouvoirs qui
sont donnés au père, à moins toutefois que nous ne
trouvions un texte formel qui en dispose autrement.

Investis de l'autorité qui leur est reconnue par les
art. 372 et 373, le père et la mère sont maîtres de
décider de l'endroit où l'enfant sera élevé, de la manière dont il sera instruit, du genre d'éducation qu'il
recevra et de l'opportunité de vaincre sa nature
rebelle ou de punir ses fautes en le faisant enfermer
par voie de correction paternelle.

La loi a reconnu à l'autorité qu'elle établissait en
faveur du père et de la mère un caractère d'ordre
public et, malgré la liberté dont jouissent les conventions matrimoniales, il est défendu par l'article 1388 de stipuler dans un contrat de mariage des
clauses dérogatoires à la puissance des parents sur
la personne des enfants.

Montesquieu nous donne la mesure de l'importance qu'il convient d'attacher à cette autorité.
« C'est une marque de beaucoup de sagesse dans un
» législateur lorsqu'il accorde aux pères une grande

» autorité sur leurs enfants, rien ne soulage plus les
» magistrats, rien ne dégarnit plus les tribunaux,
» rien ne répand plus de tranquillité dans un État où
» les mœurs font toujours de meilleurs citoyens que
» les lois. » Et au conseil d'État M. Malleville faisait
ressortir ce caractère d'intérêt général d'ordre public qu'il faut attribuer à la puissance paternelle
lorsqu'il disait :

« C'est surtout dans un État libre qu'il faut donner
» un grand ressort à l'autorité paternelle parce que
» c'est d'elle que dépend principalement la conser-
» vation des mœurs et le maintien de la tranquillité
» publique, la puissance paternelle est la providence
» des familles comme le gouvernement est la provi-
» dence de la société, et quel ressort, quelle tension
» ne faudrait-il pas dans un gouvernement qui serait
» obligé de surveiller tout par lui-même, et qui ne
» pourrait se reposer sur l'autorité des pères de fa-
» mille pour suppléer les lois, corriger les mœurs,
» préparer l'obéissance. »

Puissance paternelle pendant le mariage

Pendant le mariage le père et la mère ont à titre
égal la puissance paternelle mais la mère n'exerce
pas cette puissance.

Les droits de la puissance paternelle, sont le droit
de garde, le droit d'éducation, le droit de correction.

Dans le droit de garde le père trouve le moyen d'empêcher que le fils échappe à son autorité ; l'article 374 dispose que l'enfant ne peut quitter la maison paternelle sans la permission de son père.

Si au mépris de l'autorité paternelle l'enfant quitte la maison de son père ou toute autre maison dans laquelle il a été placé par son père, ce dernier a très-certainement une action pour l'y faire revenir : il suffit au père de présenter une requête au président du tribunal qui, sur la justification qui lui sera faite de la qualité du demandeur, enjoindra aux dépositaires de la force publique d'assister le père dans ses recherches et de lui prêter main-forte pour vaincre les résistances que le père pourrait rencontrer à l'exercice légitime de son droit.

Cette faculté accordée au père de résister victorieusement soit à un étranger qui veut soustraire son enfant à son autorité, soit à son enfant lui-même qui voudrait échapper à son pouvoir en quittant le domicile paternel, ne souffre qu'une exception.

Cette exception était admise déjà dans l'ancien droit : on décidait qu'un fils peut quitter la maison de son père sans le consentement de ce dernier, lorsqu'il s'agissait du service du roi.

La loi du 21 mars 1832, modifiant quant à l'âge seulement l'art. 374 du Code civil, décide conformément au principe de l'ancien droit, que l'enfant pourra à vingt ans s'engager dans les armées malgré la volonté de son père.

Cette atteinte à la puissance paternelle ne nous

paraît pas suffisamment justifiée par la raison d'utilité publique qui doit, dit-on, vaincre la résistance paternelle et nous croyons que l'intérêt général n'eût pas été mis en péril si on avait attendu l'âge de 21 ans pour permettre au fils de s'enrôler.

Nous avons supposé que l'enfant s'était volontairement enfui du domicile paternel et nous avons vu que le père avait le droit et le moyen de l'y ramener.

Si l'enfant est parti du domicile paternel non pas de son propre mouvement, mais par suite d'un délit ou d'un crime, le père aura incontestablement le droit de faire revenir l'enfant sous son pouvoir et en outre il pourra porter plainte contre l'auteur de l'attentat commis contre l'enfant et l'autorité du père de famille; le coupable sera passible des peines portées par les art. 354, 355, 356 du Code pénal qui punissent tous les attentats à l'autorité ou à la direction sous laquelle l'enfant est placé sans distinguer la fraude, l'enlèvement, la violence, l'entraînement, le détournement, le déplacement, l'action directe ou indirecte par autrui.

Il peut arriver que l'enfant ait été remis par le père lui-même entre les mains de tierces personnes et que ces personnes refusent ensuite de restituer le dépôt qui leur a été confié.

Ce fait s'est présenté en 1864 : un père avait confié ses deux filles à son beau-père et voulut les reprendre ensuite; le beau-père refusa de s'en séparer; le père s'adressa alors au président des référés qui décida qu'il n'y avait pas d'urgence et refusa de remettre immédiatement les deux filles à leur père.

Cette décision a été confirmée par arrêt de la Cour de Paris du 1er avril 1865 qui se fonde sur ce que le père ne fait pas connaître les motifs de sa demande et que les circonstances de la cause n'établissent pas l'urgence de la demande du père et semblent au contraire militer en faveur de la prolongation de leur séjour hors de la maison paternelle.

Cet arrêt, inspiré probablement par des circonstances de fait toutes particulières à la cause, ne nous paraît pas juridique. Le juge des référés, saisi de la réclamation d'un père qui demande à reprendre la garde de ses enfants, doit immédiatement ordonner que les enfants seront rendus au père. Il y a là une urgence manifeste et du moment que la qualité de père n'est pas contestée, le juge des référés ne peut pas, sans violer la loi, se refuser à appliquer les conséquences résultant de la reconnaissance de cette qualité du père et qui sont écrites dans l'art. 372.

L'autorité et le caractère de la puissance paternelle s'opposeraient également à ce qu'un maître de pension non payé refusât de rendre un enfant à son père et voulût le conserver par droit de rétention pour assurer le payement de ce qui lui serait dû.

En matière d'éducation, de direction morale et religieuse, le père et la mère sont complétement libres de suivre à l'égard de leurs enfants les inspirations qui leur sont suggérées par leur tendresse et leur amour paternel, ils ont également pleine et entière liberté de les diriger vers la carrière qu'ils croient le plus en rapport avec leurs aptitudes, et de leur faire donner une instruction plus ou moins complète, ils peuvent même ne leur en faire donner aucune, car il n'y a pas jusqu'à présent de loi qui les y oblige.

Mais il ne faut pas oublier qu'en cas de désaccord sur l'un de ces points entre le père et la mère, c'est la volonté du père qui fait loi.

Lorsque le père et la mère sont de religions différentes, il s'élève parfois des difficultés sur le point de savoir si l'enfant sera élevé dans la religion de son père ou bien dans celle de sa mère, c'est au père qu'il appartient de le décider, et le père ne peut pas à l'avance engager sa liberté d'action, la stipulation qui serait faite même par contrat de mariage, que les enfants seront élevés dans telle religion est frappée d'une nullité absolue aux termes de l'art. 1388 du Code civil. Il est également hors de doute que le père est maître de s'opposer à ce que son fils soit baptisé et à ce qu'il reçoive une instruction religieuse quelconque.

Le père peut abuser de son pouvoir, et l'on comprend combien dans certains cas doivent être pénibles les décisions absolues du père. Nous reviendrons sur ce point.

L'autorité paternelle n'est pas dépourvue de sanction, le législateur a prévu le cas où le père aurait besoin de moyens violents, soit pour faire respecter son autorité méconnue, soit pour châtier des écarts graves, et il a permis au père de faire emprisonner son fils. Ce droit de correction est réglementé avec le plus grand soin.

On distingue pour l'exercice de ce droit de correction deux cas ;

1° Le cas où le père agit par voie d'autorité ;

2° Le cas où le père agit par voie de réquisition.

Lorsque le père agit par voie d'autorité, il s'adresse au président du tribunal de son domicile, et ce dernier est tenu de délivrer au père l'ordre d'arrestation de l'enfant.

La voie d'autorité n'est permise que lorsque l'enfant est âgé de moins de 16 ans, qu'il n'a pas de biens personnels ou qu'il n'exerce pas d'état.

Le temps de la détention dans ce cas ne pourra excéder un mois.

Dans les autres circonstances, c'est-à-dire lorsque l'enfant sera âgé de plus de 16 ans, ou lorsque bien que âgé de moins de 16 ans, il aura des biens personnels, ou qu'il exercera un état, le père devra s'adresser au président du tribunal comme dans le premier cas, car il faut toujours pour emprisonner quelqu'un, un ordre émané du pouvoir judiciaire, mais à la différence de ce qui a lieu dans le premier cas, le président devra en conférer avec le ministère public et il pourra refuser l'ordre d'arrestation.

Dans ce cas le temps de la détention qui peut être requise par le père contre son enfant, peut s'étendre jusqu'à six mois. Mais le président a la faculté en même temps qu'il accorde l'ordre d'arrestation de diminuer la durée de la détention demandée par le père. Il est bien entendu que le président du tribunal n'a pas la faculté d'augmenter la durée de la détention requise par le père, l'intervention du magistrat est organisée afin de modérer, d'adoucir l'action du père, et non pas afin de la rendre plus pesante. Le magistrat est ici plutôt un conseil qu'un juge.

Qu'arriverait-il si le président du tribunal auquel le père s'adresse pour faire détenir son enfant refusait de délivrer l'ordre d'arrestation?

Ce refus peut se présenter dans deux circonstances distinctes :

1º Lorsqu'il s'agit d'un enfant que le père a le droit de faire détenir par voie d'autorité ;

2º Lorsqu'il s'agit d'un enfant que le père veut faire détenir par voie de réquisition.

Dans le premier cas on ne comprend pas le refus du magistrat, il n'y a aucune appréciation à faire, il s'agit de vérifier seulement si l'enfant se trouve dans les conditions requises pour que le père puisse employer vis-à-vis de lui la voie d'autorité, cette vérification toute matérielle une fois faite, l'ordre d'arrestation en est la conséquence, et si, dans cette circonstance, le magistrat auquel on s'adresse refusait l'ordre d'arrestation, nous pensons que l'on pourrait porter plainte contre le magistrat, et au besoin le poursuivre comme coupable de déni de justice.

Lorsque le père procède par voie de réquisition la question change d'aspect, la loi confie alors au magistrat, non plus une simple opération de vérification à la suite de laquelle il doit donner un ordre d'arrestation, il est établi juge et appréciateur du point de savoir s'il doit accorder l'ordre d'arrestation et s'il doit réduire le temps de la détention requise par le père.

Le père qui croit avoir à se plaindre de la décision du président qui refuse l'arrestation ou en réduit la durée, peut-il se pourvoir contre cette décision ?

Nous ne le croyons pas, et cela pour plusieurs raisons.

La loi a subordonné l'exercice du droit de correction à l'obtention de l'ordonnance du président ; si le père ne l'obtient pas, il se trouve dans la situation de la mère survivante qui ne peut obtenir le concours des deux plus proches parents, et son droit de correction se trouve paralysé. Si l'on admettait que le père pût se pourvoir, il devrait le faire par voie d'opposition devant le tribunal, puisqu'il s'agit d'un acte de juridiction gracieuse, et le jugement que rendrait le tribunal pourrait lui-même être déféré à la Cour d'appel. Ces instances ne pourraient pas être poursuivies contre le président directement, c'est évident. Il faudrait donc nommer à l'enfant un tuteur *ad hoc* pour défendre à l'instance suivie par le père. Cette procédure et la publicité qu'elle entraîne nous semblent être absolument contraires aux vœux du législateur qui veut, dans l'intérêt de l'enfant lui-même, que tout se passe le plus secrètement possible.

Nous verrons plus loin, en effet, que l'art. 378

dit qu'il n'y aura aucune écriture ni formalité judiciaires, si ce n'est l'ordre même d'arrestation, et lorsque l'art. 382, en faveur de la liberté, organise une voie de recours pour le fils détenu contre l'ordonnance obtenue par le père, le législateur indique en même temps une procédure spéciale qui soustrait la connaissance de l'affaire à la grande publicité des audiences.

On comprend le motif qui a déterminé le législateur à retirer au père le droit de faire détenir par voie d'autorité, et sans contrôle, l'enfant mineur de seize ans qui exerce un état. Cette détention peut avoir, en effet, des conséquences très-fâcheuses pour l'avenir de l'enfant, et peut-être était-il bon que la décision du père fût soumise à l'appréciation de la justice.

Mais, dans le cas où l'enfant mineur de seize ans a des biens personnels, nous ne voyons pas la raison qui a pu déterminer le législateur à restreindre le pouvoir du père, et aucune des explications qui ont été données, ne nous a paru justifier cette disposition.

Lorsque l'enfant est détenu, il peut adresser un mémoire au procureur général près la Cour. Celui-ci se fait rendre compte et fait son rapport au président de la Cour, qui, après en avoir donné avis au père et avoir recueilli tous les renseignements, pourra révoquer ou modifier l'ordre d'arrestation.

Il faut remarquer que l'art. 382 du Code civil, en accordant à l'enfant cette faculté d'interjeter appel

de la décision du président du tribunal, se sert de
ces expressions : l'enfant détenu, ce qui implique que
l'appel de l'enfant n'est pas suspensif et que provi-
soirement il doit faire acte de déférence vis-à-vis de
l'autorité paternelle en se rendant en prison, et que
ce n'est qu'ensuite qu'il peut employer le recours
que la loi a mis à sa disposition.

On s'est demandé si cette voie de recours qui se
trouve réglementée dans l'art. 382, relatif aux enfants qui ont des biens personnels ou qui exercent
un état ne concernait que ces derniers, ou bien s'il
fallait l'étendre à tous ceux qui sont détenus par
voie de réquisition.

Nous pensons qu'il faut adopter cette dernière
opinion et décider que toutes les fois que le législateur a cru qu'il était nécessaire d'accorder à l'enfant
la garantie de l'intervention judiciaire, il lui a accordé aussi la faculté d'appel. Cette décision n'est
peut-être pas conforme au texte de la loi, mais l'esprit de la loi nous paraît la justifier suffisamment.

Mais ce qui est hors de doute, c'est que le droit
d'appel ne peut être accordé à l'enfant détenu par
voie d'autorité ; la souveraineté absolue du droit du
père ne laisse pas place à une réformation par la
Cour d'une décision qui n'est que l'enregistrement
et la consécration par le président du tribunal de
la volonté du père.

Quel que soit le mode de détention qui ait été ap-
pliqué, soit la voie de réquisition, soit la voie d'autorité, le père est toujours maître de reprendre son

fils et d'arrêter immédiatement le cours de la détention ; c'est l'exercice du droit de grâce.

Une autre disposition qui s'applique également aux deux modes de détention, c'est la suppression de toutes écritures, de tous motifs qui pourraient plus tard par leur révélation nuire à l'avenir de l'enfant. Tout se passe en secret, de manière à ne pas laisser de traces, l'ordre seul d'arrestation, sans indication de motifs, telle est la seule pièce qui doit être écrite.

L'art. 378 impose au père l'obligation de souscrire une soumission de payer tous les frais et de fournir les aliments convenables.

Cette disposition est justifiée par ce motif qu'il ne fallait pas que le père trouvât dans la correction de son enfant une exonération de la charge qu'il a de pourvoir à sa nourriture et à son entretien. Mais ce qui eût été une économie pour les gens aisés chez lesquels les frais de nourriture de l'enfant dans la maison paternelle étaient plus élevés que la somme réclamée par l'État pour la nourriture donnée dans la prison, devenait une charge très-lourde pour les pauvres gens et amenait cette conséquence qu'ils étaient dans l'impossibilité d'user de ce mode de sanction de leur autorité paternelle. On y remédia, en permettant aux magistrats de dispenser le père, de l'obligation de fournir les aliments.

Néanmoins cette iustitution de la correction paternelle ne rend pas tous les services qu'on pourrait

en attendre. Il faudrait, comme le dit M. Debelleyme, pour diriger une maison de correction paternelle, un homme instruit, un pédagogue, plutôt
qu'un geôlier ; une instruction et du travail plutôt
que le régime des prisons et une maison bien dirigée pourrait rendre de grands services à la société. N'attendez pas, dit encore M. Debelleyme, que
le tribunal correctionnel ordonne la détention desen-
fants, à défaut de discernement, jusqu'à leur majorité, parce que cette détention punit et ne corrige
pas.

Il faut donc améliorer les maisons destinées à la
correction paternelle d'une part, et d'autre part rendre cette correction plus facile pour les parents.
C'est l'œuvre qui a été entreprise à Mettray, par
M. Demetz, ancien conseiller à la Cour de Paris
qui, sous le nom de maison paternelle a créé un vé-
véritable collége. La maison de correction ne peut
être efficace et rendre des services que si elle imite
le collége, l'opinion publique ne s'y est pas trompée,
et les maisons de correction paternelle ont reçu la
nomination significative de collége des pauvres.

Il peut arriver que, malgré la peine de la détention qui lui a été infligée, l'enfant retombe dans de
nouveaux écarts ; le père peut le faire détenir
de nouveau, en se conformant aux distinctions
précédemment établies ; en usant de son droit, le
père ne l'a pas épuisé, et il reste dans ses mains ce
qu'il était avant. C'est ce que l'article 379 prend soin
de nous dire.

Nous avons vu quels sont les droits du père, leur caractère absolu et leur étendue qui peut aller jusqu'à priver leur enfant de la liberté, qu'arriverait-il si un père abusait des pouvoirs qu'il tient de la nature et qui sont sanctionnés par la loi?

De semblables abus se présenteront rarement, mais enfin ils peuvent arriver, de quelle manière parviendra-t-on à concilier le respect et l'indépendance de la puissance paternelle avec le droit de protection que la société a le devoir d'exercer sur tous les membres qui la composent, et plus spécialement sur les enfants qui sont moins que d'autres capables de se défendre?

Que le père se livre envers son enfant aux plus graves excès, à des violences, à des brutalités intolérables, que les mauvais traitements mettent en péril la santé, et peut-être l'intelligence de la victime, que le père laisse l'enfant manquer de tout, que la maison paternelle soit un lieu d'ivrognerie, de débauche, une école d'immoralité, ne pourra-t-on pas venir au secours de l'enfant?

Si les faits ont une certaine gravité, le père sera justiciable du Code pénal, mais les actes du père peuvent être de telle nature qu'ils échappent à une répression, et que cependant ils causent à l'enfant le plus grand préjudice. On peut supposer que le père interdise arbitrairement tous rapports entre ses enfants et ses ascendants paternels ou maternels, que le père s'oppose à ce que ses enfants reçoivent une instruction morale et religieuse.

Le pouvoir paternel est-il tellement absolu qu'il échappe à tout contrôle?

La raison, la morale, l'humanité n'exigent-elles pas qu'on vienne au secours de l'enfant dans l'intérêt même de l'ordre public.

Plusieurs auteurs ont admis que dans ce cas les actes du père pourraient être déférés aux tribunaux qui auraient un pouvoir d'appréciation.

D'autres au contraire, partisans de l'autorité absolue et sans contrôle du père de famille, pensent que l'intervention de la justice dans la famille est une chose bien grave et qu'elle ne doit être admise que très-rarement et lorsqu'il y a nécessité absolue.

Dans la doctrine de ceux qui admettent le recours aux tribunaux contre les actes du père, les uns soutiennent que ce sont les parents du mineur qui doivent intenter l'action, d'autres décident que le ministère public doit intervenir et prendre en main l'intérêt du mineur en vertu de l'art. 46 de la loi du 20 avril 1810.

Nous ne croyons pas que les parents ou le ministère public aient reçu de la loi des pouvoirs suffisants, pour s'interposer entre le père et l'enfant, et nous pensons que cette intervention serait plus dangereuse qu'utile.

Nous croyons que le seul et le meilleur juge de déférer à la justice les actes du père, c'est encore la mère, et la mère n'agira certainement que s'il y a nécessité absolue et si l'intérêt de l'enfant le réclame, deux garanties qu'on ne rencontre pas au même degré, dans l'immixtion des parents et du ministère public.

Il nous semble aussi que la mère peut puiser dans les textes le principe d'une action ; elle a en effet aux termes de l'art. 203 du Code civil pris avec son mari, l'obligation de nourrir, élever et entretenir ses enfants, elle peut donc contraindre son mari à l'accomplissement de l'obligation commune ; de plus, l'article 372 lui a conféré la jouissance de cette puissance paternelle dont le mari a l'exercice, cela lui suffit pour s'adresser aux tribunaux et demander l'autorisation d'ester en justice pour y venir défendre l'intérêt de ses enfants.

Nous voyons à cette solution l'avantage que le magistrat auquel la femme est obligée de s'adresser pour plaider pourra faire à la mère des observations qui la détourneront d'une action téméraire et mal fondée.

Dans le cas d'ailleurs où les agissements du père exigent impérieusement que la justice intervienne dans l'intérêt des enfants, la mère, si elle ne peut prendre directement la défense de ses enfants, intentera contre son mari une demande en séparation de corps et les tribunaux seront tout disposés à voir dans la conduite du père vis-à-vis des enfants une injure grave s'adressant indirectement à l'épouse et prononceront la séparation de corps qui permettra, par voie de conséquences, de retirer au père la garde et la surveillance de ses enfants. C'est ce qui est arrivé récemment dans une espèce jugée par la Cour de Lyon le 25 mars 1873. La Cour a vu une injure grave dans le refus par le père de laisser baptiser son enfant et ce fait rapproché d'autres circonstances lui a paru suffisant pour prononcer la séparation de corps.

N'est-il pas préférable d'accorder une action directe à la mère dans certains cas, que de l'obliger à avoir recours au remède de la séparation de corps pour protéger ses enfants contre les abus du pouvoir paternel? Si la mère n'agissait pas, ou si, de concert avec le père, elle compromettait la santé ou l'intelligence de l'enfant, ou encore si tous deux lui donnaient des principes d'immoralité, dans ce cas nous n'hésiterions plus à accorder au ministère public le droit d'agir et de provoquer des mesures de protection.

Il s'est présenté devant les tribunaux la question de savoir si le père avait le droit d'interdire toutes relations entre l'enfant et des parents soit paternels, soit maternels de l'enfant. Les parents exclus se sont adressés à la justice et la question a été décidée diversement. Les cours du Midi ont presque toujours décidé que le père avait le droit d'empêcher toute communication entre ses enfants et d'autres membres de sa famille et qu'il ne devait compte à personne des motifs qui le déterminaient à agir ainsi.

Les cours du Nord, au contraire, décident généralement que les tribunaux ont le droit de peser les considérations qui ont amené le père à prendre cette décision, et qu'il leur appartient d'accorder ou de refuser leur sanction à la volonté paternelle.

Nous préférons la jurisprudence des cours du Midi

que nous trouvons plus juridique et, s'il y avait lieu de se pourvoir contre l'exclusion prononcée par le père vis-à-vis de certains membres de la famille, c'est à la mère que le droit doit appartenir et non pas aux membres exclus. Lorsque le père et la mère sont d'accord pour éloigner de leurs enfants certains membres de la famille, leur volonté doit être souveraine et respectée et il ne faut pas que les parents exclus puissent les obliger à venir déduire devant la justice les motifs de leur refus.

Nous avons terminé l'examen des droits de la puissance paternelle pendant le mariage. Nous allons voir les modifications apportées à cette puissance par les changements qui peuvent survenir dans la constitution de la famille.

PUISSANCE PATERNELLE ENTRE LES MAINS DU PÈRE SURVIVANT

Lorsque le mariage est dissous par la mort de la femme, le père est de droit le tuteur de son enfant mineur.

« Après la dissolution du mariage arrivée par la » mort naturelle ou civile de l'un des époux, la tu- » telle des enfants mineurs et non émancipés appar- » tient de plein droit au survivant. » (Art. 390, C. civ.)

Néanmoins, le père n'est pas privé de son droit de

puissance paternelle pour être réduit au rôle d'un tuteur.

Il faut distinguer : le père avait des droits sur la personne et sur les biens de son enfant, à la dissolution du mariage arrivée par la mort de la mère, le père conserve intacts ses droits sur la personne de son enfant. Ses droits sur les biens sont seuls modifiés. Mais il faut bien remarquer que le père ne conserve ses droits dans toute leur plénitude sur la personne de ses enfants qu'à la condition de ne pas se remarier. S'il contracte un nouveau mariage, la loi modifie en un point son droit de puissance paternelle. Le droit de correction ne peut plus être exercé par voie d'autorité par le père remarié, l'article 380 le dit formellement : « Si le père est remarié, » il sera tenu, pour faire détenir son enfant du pre- » mier lit, lors même qu'il serait âgé de moins de 16 » ans, de se conformer à l'art. 377. »

On a craint que les influences résultant d'un second mariage ne vinssent altérer cet amour paternel sans lequel on ne comprend pas le droit absolu et sans contrôle qui donne au père le pouvoir de priver son fils de sa liberté. Hormis cette seule modification, le pouvoir du père veuf ou remarié sur la personne de ses enfants reste ce qu'il était avant la dissolution du mariage.

PUISSANCE PATERNELLE ENTRE LES MAINS DE LA MÈRE SURVIVANTE

Si le pouvoir du père ne reçoit pas d'atteinte sensible par la dissolution du mariage, nous allons voir qu'il en est autrement du pouvoir de la mère.

La mère, pendant le mariage, a virtuellement la puissance paternelle, mais l'exercice de cette puissance appartient au mari ; à la dissolution du mariage, la mère devient tutrice relativement aux biens de ses enfants mineurs ; mais, en ce qui concerne leur personne, elle continue à avoir sur eux les droits de la puissance paternelle. Pendant le mariage, son mari exerçait ces droits, aujourd'hui c'est elle-même qui les exerce ; mais, en laissant l'exercice des droits de puissance paternelle entre les mains de la veuve, la loi a mis à son pouvoir quelques restrictions qui diffèrent selon que la femme est ou n'est pas remariée.

Ces modifications portent sur le droit de correction, la mère survivante et non remariée, n'a le droit de correction que d'une manière bien restreinte. D'abord elle n'a jamais le droit de faire détenir son fils par voie d'autorité, mais le législateur ne s'est pas arrêté là, il ne s'est pas contenté de la garantie qui résulterait de l'obligation de s'adresser au président du tribunal qui accorde ou refuse l'autorisation. L'art. 381 décide que la mère survivante et non re-

mariée devra toujours, alors même que l'enfant serait âgé de moins de seize ans se conformer aux
prescriptions de l'art. 377 et s'adresser au président du tribunal, cet article exige en outre qu'elle
obtienne le concours de deux des plus proches parents de l'enfant.

Il peut arriver que l'enfant n'ait pas de parents
paternels.

Dans cette circonstance comment s'exercera le
droit de correction de la mère veuve et non remariée?
Il y a à cet égard trois opinions.

Les uns soutiennent que dans cette hypothèse
la veuve a perdu son droit de correction puisque la
condition à laquelle la loi en avait soumis l'exercice,
fait défaut.

D'autres soutiennent qu'elle pourra s'adresser directement au président et réclamer de ce magistrat
l'ordre d'arrestation comme pourrait le faire le père
lorsque la loi lui impose l'obligation d'agir par voie
de réquisition.

Les autres, et cette opinion nous paraît préférable,
prétendent qu'à défaut de parents paternels on
appliquera par analogie les dispositions de l'art. 409
relatif à la composition des conseils de famille et qui
permet pour la formation de ce conseil, d'appeler
des alliés ou même des amis, en cas d'absence ou
d'insuffisance en nombre des plus proches parents.

Il y a en effet la plus grande analogie et les garanties résultant du concours de ces personnes et de l'intervention du magistrat sont suffisantes. Si le droit

de correction a été accordé à la mère, c'est que le législateur a pensé qu'il pouvait être utile entre ses mains ; l'exercice de ce droit a été rendu bien difficile par les exigences exagérées de la loi, il ne faut pas aller au-delà et le rendre impossible.

Lorsque la mère survivante est remariée, elle perd complétement et d'une manière absolue, son droit de correction ; l'art. 381 n'accorde ce droit qu'à la mère survivante et non remariée.

Mais si le veuvage a pour effet de modifier et de restreindre considérablement le droit de correction entre les mains de la mère, si le second mariage de la veuve a pour résultat de lui retirer complétement ce droit, ni le veuvage ni le second mariage n'ont pour effet de lui retirer les attributions de la puissance paternelle, qui lui sont conférées par l'art. 372.

C'est ainsi que la mère survivante continue à avoir sur la personne de ses enfants mineurs les droits de garde et d'éducation et qu'elle peut exercer ces droits en vertu de son droit propre de puissance paternelle et non pas en vertu des pouvoirs qu'elle a comme tutrice sous la surveillance du conseil de famille ; d'où il suit que ces droits lui appartiennent alors même qu'elle ne serait pas tutrice de ses enfants.

Nous savons que la mère remariée perd son droit de correction sur les enfants de son premier mariage ; or, il peut arriver que la mère conserve la tutelle nonobstant son second mariage ; c'est ce qui aura lieu lorsque la veuve se sera conformée aux dispositions de l'art. 395 ; qu'elle aura assemblé le conseil de famille et qu'elle aura été maintenue dans la tutelle. La mère remariée à laquelle le législateur refuse comme mère le droit de correction, aura-t-elle ce droit comme tutrice? L'art. 468 dispose en effet, en termes généraux, que le tuteur qui aura des sujets de mécontentement très-graves, sur la conduite du mineur, pourra porter ses plaintes à un conseil de famille et s'il y est autorisé par ce conseil, provoquer la réclusion du mineur conformément à ce qui est statué à ce sujet au titre de la Puissance paternelle.

Je n'hésiterais pas à accorder à la mère maintenue dans la tutelle le droit de correction comme tutrice et cela pour deux raisons : la première, c'est que ce droit n'est pas plus dangereux entre les mains d'un tuteur qu'entre les mains de la mère qui a été jugée digne, par le conseil de famille, d'être maintenue dans la tutelle ; la tendresse de la mère présente même au législateur plus de garanties ; la seconde, c'est qu'il semble que l'esprit général de la loi soit d'accorder le droit de correction comme sanction des droits de garde et d'éducation et que si la loi le refuse à la mère remariée, ce n'est qu'une exception qui ne doit pas être étendue.

Enfin les garanties dont ce droit est entouré relativement à la mère remariée et tutrice, résultant du concours du conseil de famille et du président du tribunal, paraissent éloigner toute possibilité d'abus pour ne laisser subsister que les avantages d'une mesure toujours rigoureuse, mais qui, en compensation, peut écarter la nécessité d'un emprisonnement plus grave qui serait prononcé par le tribunal correctionnel contre l'enfant qu'on aurait été impuissant à corriger efficacement.

Les modifications et les restrictions à la puissance paternelle qui atteignent le père ou la mère qui s'est remarié subsistent-elles après la dissolution du second mariage qui avait motivé ces modifications ?

Le père devenu veuf une seconde fois reconquiert-il le droit de faire détenir son fils par voie d'autorité ?

La mère devenue veuve de nouveau peut-elle exercer le droit de correction tel qu'il est organisé par l'art. 381 ?

Nous le croyons et nous invoquons en faveur de cette opinion la rédaction même de la loi. Le Code ne parle pas en effet du père ou de la mère qui s'est remarié, mais du père ou de la mère qui est remariée, et en effet la loi a pu craindre l'influence d'une personne étrangère souvent hostile à l'enfant, mais cette influence cesse avec la vie de la personne de qui on la redoutait et il n'y a plus de bonnes raisons de maintenir le retrait du droit de correction qu'on n'avait retiré qu'en raison d'une circonstance qui a cessé d'exister.

Au sujet du droit de correction entre les mains de la mère, on s'est demandé si la mère, de même que le père, avait le droit de grâce.

La raison de douter vient de ce que l'art. 379, qui donne au père le droit de grâce ne parle que du père.

Le père est toujours maître d'abréger la détention,
dit l'art. 379.

Trois opinions se sont produites sur cette question, une qui refuse complétement à la mère le droit
de grâce par la raison que ce droit ne lui est pas accordé par la loi, l'autre qui accorde à la mère le droit
de grâce et enfin une troisième opinion qui reconnaît à la mère le droit de grâce, mais à la condition
que la mère exerce son droit de grâce dans les mêmes
formes et de la même manière qu'elle exerce son droit
de correction, c'est-à-dire avec le concours de deux
des plus proches parents paternels.

Nous pensons que le 2ᵉ système qui accorde à la
mère le droit de grâce est préférable; l'art. 379 fournit
contre le 3ᵉ système un argument d'analogie, car il
accorde au père le droit de grâce sans distinguer si la
détention a été obtenue par voie d'autorité ou de réquisition; le père qui se trouvait dans une situation
où il ne pouvait pas faire détenir son enfant sans
l'avis conforme du président, peut faire cesser cette
détention par la manifestation de sa seule volonté.

Nous voyons en outre que partont où la loi a organisé au profit d'un particulier un droit de détention, comme en matière d'adultère, de dettes avant
l'abolition de la contrainte par corps, de correction
paternelle, la loi a toujours accordé la faculté de faire
cesser la détention à celui auquel elle a donné le droit
de la requérir et si on exige des garanties pour ordonner la détention qui est une exception au droit
commun on n'en exige aucune pour la mise en liberté

par laquelle on rentre dans le droit commun ; la manifestation de la volonté de celui qui requérait la détention suffit pour la faire cesser.

En examinant le pouvoir paternel, pendant le mariage, nous nous sommes demandé ce qu'il conviendrait de faire si le père qui exerce seul cette autorité en usait despotiquement et de manière à nuire à la santé de l'enfant, à porter atteinte à son développement intellectuel ou à contrarier les sentiments de respect et d'affection qui doivent régner dans la famille. Nous avons reconnu que dans ce cas la mère aurait le droit d'agir et de demander aux tribunaux de protéger ses enfants.

Lorsque par le prédécès soit du père soit de la mère, la puissance paternelle ne réside plus que sur la tête d'une seule personne ; les dangers du despotisme du survivant sont bien plus à craindre et nous voyons alors que la loi place à côté du survivant un surveillant du pouvoir paternel, un protecteur de l'intérêt des enfants qui remplit le rôle qu'aurait rempli la mère pendant le mariage; la mort d'un des époux donne en effet ouverture à la tutelle, et à côté de la tutelle qui est déférée par la loi au survivant, il y a le subrogé tuteur et le conseil de famille chargés de protéger l'enfant, et c'est alors ce pouvoir tutélaire qui a incontestablement le droit et le devoir d'appeler l'attention des tribunaux sur les actes du père ou de la mère, qui pourraient être préjudiciables à l'enfant au point de vue physique, moral ou intellectuel.

Lorsque nous avons examiné le droit de puissance

paternelle entre les mains du père survivant ou de la mère survivante, nous avons supposé que le père, ou la mère survivante réunissaient sur leur tête la puissance paternelle et la tutelle. C'est en effet ce qui arrive le plus souvent.

Mais il peut arriver que le père ou la mère survivante conservent sur leurs enfants la puissance paternelle, et que la tutelle de ces mêmes enfants appartienne à une autre personne.

Cette division de la tutelle et de la puissance paternelle a lieu pour le père s'il se fait excuser ou destituer de la tutelle et pour la mère par la même cause, et encore si, lors de son second mariage, elle ne convoque pas le conseil de famille pour se faire maintenir dans la tutelle.

Cette division sur deux têtes différentes de deux pouvoirs qui ont le même objet et les mêmes attributions crée bien souvent des conflits : celui qui a le pouvoir tutélaire et celui qui a la puissance paternelle réclamant l'un vis-à-vis de l'autre et exclusivement les droits de garde, de correction et d'éducation sur la personne de l'enfant.

Il nous semble que l'autorité paternelle résidant sur la tête du père ou de la mère même remariés doit dominer le pouvoir de tutelle quant à ce qui concerne les droits sur la personne de l'enfant, mais dans cette circonstance le pouvoir du survivant se trouve soumis au contrôle de celui qui a le pouvoir de tutelle, et qui puise dans ce pouvoir le droit de déférer les actes du survivant aux tribunaux, et les derniers suivant les circonstances confient au tuteur les droits de garde, de correction et d'éducation lorsqu'ils ne jugent pas le père ou la mère survivant digne de les conserver.

PUISSANCE PATERNELLE EN CAS DE SÉPARATION DE CORPS

Après avoir examiné les modifications de la puissance paternelle résultant de la dissolution du mariage par le décès soit du mari soit de la femme, il convient de parler de certains autres événements qui exercent une influence considérable sur la puissance paternelle et en premier lieu de la séparation de corps.

La séparation de corps diffère du divorce qui a été aboli en ce que le divorce détruisait le lien conjugal et rendait à chacun des époux leur liberté respective tandis que la séparation de corps relâche seulement le lien et laisse subsister presque tous les droits, presque toutes les obligations.

Quelle sera l'influence de la séparation de corps sur la puissance paternelle?

La loi, en organisant le divorce, s'était occupée de la situation des enfants et elle avait disposé dans l'art. 302.

Les enfants seront confiés à l'époux qui aura obtenu le divorce à moins que le tribunal sur la demande de la famille ou du ministère public n'ordonne, pour le plus grand avantage des enfants, que tous ou quelques-uns d'entre eux, seront confiés aux soins soit de l'autre époux soit d'une tierce personne.

Et l'art. 303 ajoute : quelle que soit la personne à laquelle les enfants seront confiés, les père et mère conserveront respectivement le droit de surveiller l'entretien et l'éducation de leurs enfants et seront tenus d'y contribuer à raison de leurs facultés.

Le divorce a été ensuite aboli par la loi du 8 mai 1816, qui n'a laissé subsister que la séparation de corps.

Les articles qui traitent de la séparation de corps ne règlent pas le sort des enfants issus du mariage et on se demande si la séparation de corps ne modifie en aucune manière la puissance paternelle, ou s'il faut appliquer par analogie les dispositions de la loi sur le divorce, ou enfin si la séparation de corps doit être régie par des règles spéciales.

Lorsqu'il y avait divorce, la famille était détruite, il était nécessaire de confier les enfants soit à l'un, soit à l'autre des deux époux et dans l'incertitude de savoir à qui on les confierait, puisque le mariage étant dissous, tous deux y avaient également droit, on les confiait à l'époux qui avait obtenu le divorce, la règle ne recevait exception que lorsque l'intérêt de l'enfant exigeait qu'il fût confié soit à l'autre époux, soit à une tierce personne, l'appréciation de l'intérêt de l'enfant était laissée à la sollicitude de la famille ou du ministère public.

Au contraire, lorsqu'il y a séparation de corps le sien conjugal n'est pas dissous, le mari conserve tous les droits, droit d'autorisation maritale, droit de dénoncer l'adultère de sa femme, il semble qu'il devrait conserver la puissance paternelle aux termes de l'art. 373, qui investit le père de cette autorité durant le mariage. Aussi certaines personnes soutiennent que le père conserve en principe tous ses droits sur ses enfants et que ce n'est qu'exceptionnellement et en usant de ce droit avec circonspection que les tribunaux ont le pouvoir discrétionnaire de retirer au père la garde des enfants pour confier cette garde à la mère ou même à une tierce personne en prenant pour guide l'intérêt de l'enfant.

Cette opinion s'appuie sur le texte des art. 373 et 374, sur la différence entre la dissolution du mariage par le divorce et le simple relâchement du lien par la séparation de corps.

D'autres personnes soutiennent au contraire que l'on doit aller chercher les art. 302 et 303, dans le titre du divorce et les appliquer à la séparation de corps et accorder en principe la garde des enfants communs, à l'époux qui a obtenu la séparation de corps.

Une autre opinion distingue : si le mari a obtenu la séparation, on appliquera l'art. 302, mais alors le mari réunissant à la fois le droit qu'il tient de l'art. 302 et de l'art. 373, le magistrat n'aura plus le pouvoir d'appréciation, contenu dans la fin de l'art. 302; si au contraire la femme a obtenu la séparation, on appliquera encore l'art. 302, les magistrats lui accorderont la garde de ses enfants, mais la disposition de l'art. 302, étant combattue alors par l'art. 373, les tribunaux seront fondés bien davantage à user de leur pouvoir discrétionnaire.

Dès que le tribunal aura confié au père la garde et l'éducation de ses enfants, le père continuera d'agir dans la plénitude de son droit et il aura certainement le droit de correction.

Mais si la garde et l'éducation ont été confiées à la mère, la mère a-t-elle en même temps le droit de correction quoique le mariage ne soit pas dissous et si elle a ce droit, comment l'exerce-t-elle?

Nous croyons qu'elle a ce droit de correction, parce que ce droit est une sanction du droit de garde et d'éducation qui lui est confié, mais nous ne croyons pas qu'elle puisse exercer ce droit par voie d'autorité ou par voie de réquisition comme le pourrait faire son mari; elle doit se conformer aux prescriptions de la loi et réclamer le concours de deux proches parents comme si elle était veuve non remariée.

PUISSANCE PATERNELLE ENTRE LES MAINS DE LA MÈRE PAR SUITE D'IMPOSSIBILITÉ PHYSIQUE OU LÉGALE DU PÈRE D'EXERCER LA PUISSANCE PATERNELLE

Lorsque le mari est dans l'impossibilité légale d'exercer la puissance paternelle, cette puissance passe entre les mains de la femme; la loi a prévu le cas d'absence du mari et l'art. 141 dispose que si le père a disparu laissant des enfants mineurs issus d'un commun mariage, la mère en aura la surveillance et exercera tous les droits du mari quant à leur éducation et à l'administration de leurs biens.

Elle aura ainsi tous les droits de garde et d'éducation, mais dans ce cas comme dans le cas précédent, nous croyons que le droit de correction entre les mains de la mère, qui agit alors comme délégataire des droits du mari, doit toujours être soumis aux dispositions restrictives de l'art. 381.

Ces dispositions sont faites en vue de la personne même de la mère dont on a craint la faiblesse et elles doivent s'appliquer quelle que soit la raison, le motif, qui place le droit de correction entre les mains de la mère.

Parmi les causes qui font passer la puissance paternelle entre les mains de la mère, il faut encore compter l'interdiction qui peut être prononcée contre le père pour cause d'imbécillité, de démence ou de fureur, le législateur ne dit pas, il est vrai, que, dans ce cas, le père perdra son droit de puissance paternelle, mais le bon sens suffit pour faire décider que celui qui est dans l'impossibilité de se conduire lui-même ne peut pas avoir sur ses enfants les droits de garde, de correction et d'éducation.

Ces droits passent à la mère si elle existe encore ou sinon entre les mains d'un tuteur qui s'occupe de l'enfant.

Mais il ne faut pas étendre cette solution au cas où le père est pourvu d'un conseil judiciaire, la prodigalité qui a motivé la dation de ce conseil, n'empêchant pas que le père ne soit très-apte à élever ses enfants.

PUISSANCE PATERNELLE SUR LES ENFANTS NATURELS

Nous avons terminé ce qui concerne le droit de garde, de correction et d'éducation entre les mains des père et mère légitimes. Nous avons vu ce qu'étaient ces droits pendant le mariage, et les modifications qu'ils recevaient par la dissolution du mariage ou par d'autres événements tels que la séparation de corps, l'absence et l'interdiction qui, sans dissoudre le mariage, y apportent une grande perturbation.

Il nous reste à parler des droits accordés aux père et mère naturels sur les enfants qu'ils ont reconnus.

Le Code est bien laconique sur les droits qu'il accorde aux père et mère naturels.

Art. 383 : les art. 376, 377, 378 et 379 seront communs aux père et mère des enfants naturels reconnus.

Les articles énumérés par l'art. 383 et auxquels il renvoie, sont les articles qui organisent le droit de correction entre les mains du père légitime et qui disposent que le père peut user de la voie d'autorité ou de la voie de réquisition, suivant les distinctions d'âge énoncées en ces articles qui règlent l'absence de formalités et d'écritures, qui puissent perpétuer le souvenir de la faute, obligent le père à payer les frais et à fournir les aliments et enfin accordent le droit de grâce.

Plusieurs questions s'élèvent :

1º Celle de savoir si au contraire de la mère légitime, la mère naturelle a les mêmes droits de correction que le père et avec la même étendue, spécialement si elle peut user de voie d'autorité ?

2º S'il y a lieu d'appliquer aux père et mère naturels l'art. 382.

3º Si les art. 371, 372, 373, 374, sont applicables aux père et mère naturels ; en un mot on se demande s'il faut prendre l'art. 383 à la lettre, ou s'il faut, dépassant les termes de cet article, assimiler la situation des enfants naturels à la situation des enfants légitimes, et accorder aux père et mère naturels absolument les mêmes droits qu'aux père et mère légitimes ?

Plusieurs opinions se sont produites à cet égard.

Plaçons-nous dans l'hypothèse où l'enfant naturel a été reconnu à la fois par son père et par sa mère.

Dans cette hypothèse, les uns soutiennent que les père et mère naturels ont les mêmes droits que les père et mère légitimes, à l'exception toutefois du droit de jouissance légale.

Leurs arguments consistent à invoquer l'analogie des deux situations; ils s'appuient en outre sur les travaux préparatoires desquels il résulterait que l'intention du législateur, manifestée dans le projet, était d'accorder aux père et mère naturels les mêmes droits qu'aux parents légitimes, ils soutiennent que la disposition du projet n'a été remaniée dans la généralité de ses termes que dans le seul but de retirer aux père et mère naturels, l'usufruit légal. C'est, disent-ils, une rédaction maladroite de l'article; mais l'esprit doit prévaloir sur le texte, et il faut voir dans la loi non pas ce qu'elle dit, mais ce qu'elle a voulu dire, et elle voulait dire certainement que toutes les dispositions du Code relatives à la puissance paternelle étaient applicables aux père et mère naturels, à l'exception toutefois de la disposition concernant l'usufruit légal.

D'autres distinguent parmi les diverses dispositions relatives à la puissance paternelle : ils choisissent par des arguments d'analogie les dispositions qui leur semblent devoir s'appliquer aux père et mère naturels; ils acceptent les unes et rejettent les autres.

La question nous semble assez difficile à résoudre.

Si l'on s'en tient au texte rigoureux de l'art. 383, on arrive à des résultats excessivement choquants, et on établit entre la famille naturelle et la famille légitime des différences qui ne sont pas justifiées, d'autre part, c'est toujours une chose grave que de suppléer au silence du législateur, le texte de l'art. 383 est très-précis, les art. 376, 377, 378 et 379, dit-il, seront communs. C'est donc dire que les autres articles ne seront pas applicables, car il eût été bien simple de compléter l'énumération des articles qui devaient être communs aux père et mère naturels. La loi peut être imparfaite, mal rédigée, mais c'est au législateur seul qu'il appartient de la corriger.

Néanmoins nous inclinons à penser qu'il faut étendre l'énumération faite par l'art. 383 et qu'il convient d'appliquer aux père et mère naturels toutes les dispositions édictées par le législateur pour les père et mère légitimes.

Nous serions disposés à voir dans les droits accordés ainsi aux père et mère naturels non pas la puissance paternelle véritable qui n'est accordée que là où il y a une famille légitime, là où les père et mère ont pris en se mariant, aux termes de l'art. 203, l'obligation de nourrir et élever leurs enfants.

Les articles 372 et 373, qui constituent la puissance paternelle ne sont pas déclarés applicables aux père et mère naturels.

Le législateur a trouvé une situation de fait des rapports établis entre les enfants et les parents par la reconnaissance volontaire, et des principes, d'ordre supérieur exigeaient que cette situation de fait fût réglée conformément à l'intérêt de la société. Il importait que ces enfants fussent élevés et, à défaut des père et mère légitimes qui ne se trouvaient pas, le législateur vît avec quelque faveur les parents qui réparaient en partie leurs torts en reconnaissant leurs enfants et en les élevant.

Afin de faciliter cette tâche les père et mère naturels ont les droits des père et mère légitimes, droits de garde, de correction et d'éducation, mais il existe suivant nous une différence capitale entre les deux situations : les père et mère légitimes ont un droit propre de puissance paternelle qui découle du fait même de leur mariage, ce droit ne peut leur être enlevé que pour des motifs très-graves et spécialement déterminé, il participe de l'irrévocabilité des engagements conjugaux dont il est une conséquence.

. Tout autre au contraire est le caractère des droits accordés aux père et mère naturels sur leur enfant ; ils n'ont pas leur origine dans le lien indissoluble du mariage; ils sont accordés par le législateur, surtout dans l'intérêt des enfants et de la société et ces droits qui ont été accordés aux père et mère naturels au nom et dans l'intérêt des enfants peuvent être retirés ou modifiés par l'autorité judiciaire dans l'intérêt de ces mêmes enfants. Lorsqu'on se trouve en présence des père et mère légitimes, ce n'est qu'à regret, et s'il y a nécessité absolue, que nous admettons entre les parents et les enfants, l'intervention de la société représentée par les tribunaux. Lorsqu'il s'agit au contraire des droits accordés aux père et mère naturels sur leurs enfants, l'intervention de la justice est parfaitement justifiée, elle est nécessaire, et elle peut être provoquée soit par le père, soit par la mère naturelle, il n'y a plus ici la même difficulté qui se présentait pour admettre la femme mariée à provoquer l'intervention des tribunaux; la mère naturelle n'est pas frappée comme la femme mariée de l'incapacité d'ester en justice; le père et la mère sont tous deux égaux, ils ont des droits égaux et si dans ce pseudo-mariage le père exerce les droits qui appartiennent à tous deux, la mère, à la différence de ce qui a lieu dans l'état de mariage, aura toujours et sans difficulté le droit de déférer aux tribunaux les actes du père et la manière dont il se conduit vis-à-vis de l'enfant commun.

Ce système nous paraît conforme à celui de la jurisprudence qui accorde les droits de garde, d'éducation et de correction tantôt au père, tantôt à la mère et qui même les retire à tous les deux pour les confier à une tierce personne.

Nous avons dit que le père et la mère naturels ont des droits égaux, nous entendons dire par là que les droits de la mère sont indépendants de ceux du père, mais nous ne voulons pas dire ce qui a été soutenu par quelques auteurs que la mère naturelle ait les mêmes droits que le père légitime et qu'elle puisse par conséquent user de la voie d'autorité lorsqu'il s'agit de la correction de ses enfants.

Selon nous, la mère naturelle a les mêmes droits

que ceux qui appartiendraient à la mère légitime veuve et non remariée ; en effet, si le législateur a restreint la puissance paternelle en ce qui concerne le droit de correction entre les mains de la veuve, c'est parce que, à tort ou a raison, il a considéré qu'il ne devait pas donner à la femme des pouvoirs aussi étendus que ceux qu'il donnait à l'homme, et cette raison subsiste aussi bien vis-à-vis de la mère naturelle que de la mère légitime.

Si le père naturel ou la mère naturelle venaient à se marier, leurs droits sur leurs enfants subiraient les restrictions qui sont apportées à la puissance paternelle des père et mère légitimes en cas de second mariage.

DROIT AU RESPECT

Nous parlerons ici de la disposition que le législateur a mise en tête du chapitre qui traite de la puissance paternelle.

Aux termes de l'art. 371, l'enfant à tout âge doit honneur et respect à ses père et mère.

Les auteurs sont d'accord pour enseigner que cette disposition qui n'est que la reproduction du principe du Deutéronome : *Honora patrem tuum et matrem*, est applicable aussi bien à la famille naturelle qu'à la famille légitime et nous sommes très-volontiers de cet avis ; on ne saurait en effet trop honorer et trop respecter ceux qui nous ont élevés et nourris avec la sollicitude et le dévouement que savent mettre un père ou une mère.

Mais cet art. 371 a donné lieu à deux opinions différentes : les uns ont pensé que cet article du Code devait avoir une sanction et qu'il en résultait que l'enfant ne pouvait exercer contre ses parents ceux des droits civils qui seraient incompatibles avec les devoirs de respect que les enfants doivent à leurs parents et qu'un enfant ne pourrait notamment être recevable à exercer contre ses parents une action déshonorante, c'est-à-dire une action dont l'issue aurait pour résultat de ternir leur réputation et d'amoindrir leur considération.

Les partisans de l'opinion adverse trouvent que c'est aller trop loin, que de telles actions sont possibles entre les parents et les enfants, et que la preuve en est fournie par l'art. 380 du Code pénal, qui, après avoir écarté l'action pénale pour un vol commis par des parents au préjudice de leurs enfants, laisse cependant subsister l'action civile en réparation du préjudice causé par le vol ; ils pensent que l'art. 371 n'est qu'un principe dont les dispositions suivantes sont le développement ; cette opinion est conforme à ce que disait M. Vesin dans son rapport au Tribunat : « Quoique cet article, dit-il, ne con-
» tienne pas, à proprement parler, de dispositions
» législatives et que sous ce rapport, dans la discus-
» sion au conseil d'État, il ait été proposé de le rejeter,
» on a observé avec raison qu'il contenait le principe

» dont les autres ne font que développer les consé-
» quences et qu'il doit aussi devenir un point d'ap-
» pui pour les juges. »

Nous nous rangeons à cette opinion et nous pensons en outre que cet article 371 indique d'une manière précise, au début même du chapitre qui traite
de la puissance paternelle, le nouvel ordre d'idées
inauguré par le Code civil.

Anciennement en effet, il était vrai de dire que
l'enfant devait à tout âge obéissance et soumission
à ses père et mère, aujourd'hui l'enfant est affranchi,
il ne doit plus à ses père et mère à tout âge que
l'honneur et le respect, dette bien légère à acquitter
et que cependant il ne paye pas toujours. On peut
contraindre à l'obéissance, mais les devoirs d'honneur et de respect ne peuvent s'imposer.

Nous avons vu les différentes dispositions qui
permettent aux père et mère d'élever leurs enfants
et de les conduire jusqu'à l'âge où ils seront capables de devenir citoyens de l'État et de rendre à
d'autres les soins éclairés et dévoués dont ils ont été
comblés.

Il nous reste à énumérer rapidement une série de
dispositions qui donnent aux père et mère divers
droits sur la personne de leurs enfants.

Le caractère de ces droits que nous allons examiner est de s'adresser plutôt au jeune homme qu'à
l'enfant, ils appartiennent presque tous, non pas
seulement à la mère ou au père, mais encore aux
ascendants, ce sont des droits de protection et

comme une extension de la sollicitude paternelle.

Ces droits sont :

Le droit de consentir au mariage ;

Le droit de consentir à l'adoption ;

Le droit de consentir à l'entrée de l'enfant dans certaines carrières, telles que la profession religieuse ou monastique.

DROIT DE CONSENTIR AU MARIAGE

Les enfants légitimes ont besoin pour contracter mariage du consentement de leur père et mère.

Le droit qui appartient aux père et mère de peser sur les résolutions de leurs enfants, au moment où ils vont accomplir l'un des actes les plus importants de la vie est fondé sur l'intérêt de l'enfant qui a besoin d'être protégé à un âge où souvent on se laisse entraîner, et aussi sur l'intérêt de la famille, le mariage en effet modifie la famille en y faisant entrer des personnes qui auparavant y étaient étrangères et les père et mère ne sauraient y être indifférents.

Le droit des pères et mères se modifie suivant l'âge de l'enfant : jusqu'à vingt-cinq ans pour les fils, jusqu'à vingt et un ans pour les filles, le consentement des père et mère est d'une absolue nécessité et la sanction de l'inobservation de la loi est rigoureuse : le mariage est nul.

L'art. 148 qui exige le consentement des père et

mère prévoit le cas où il y aurait dissentiment entre le père et la mère, dans ce cas le consentement du père suffit.

Après les âges que nous venons d'énumérer et jusqu'à l'âge de trente ans pour les fils et de vingt-cinq ans pour les filles, le législateur ne donne plus aux père et mère un droit de *veto* absolu au mariage de leurs enfants, mais il exige que les enfants demandent le conseil de leurs père et mère, par trois actes respectueux, faits de mois en mois, et qu'il ne soit passé outre à la célébration du mariage qu'après le troisième.

Enfin, une fois que les filles ont dépassé l'âge de vingt-cinq ans, et les fils celui de trente, le législateur n'a pas retiré aux parents toute influence, les enfants doivent toujours comme précédemment demander le conseil de leurs parents, par un acte respectueux, mais alors un seul acte suffit, et il est permis de procéder au mariage un mois après.

Les dispositions qui viennent d'être énumérées et par lesquelles l'enfant ne peut se marier sans le consentement de ses parents, ou en cas de refus sans avoir demandé leur conseil par des actes respectueux, sont déclarées applicables aux enfants naturels par l'art. 158.

DROIT DE CONSENTIR A L'ADOPTION

La loi a donné également aux père et mère le droit de s'opposer à ce que leur enfant se donnât en adoption. Les dispositions de la loi en ce qui concerne le consentement des père et mère à l'adoption, sont faites dans le même esprit que les dispositions qui concernent le mariage. Depuis l'âge de vingt-un ans jusqu'à celui de vingt-cinq ans les enfants doivent demander le conseil de leurs père et mère.

Il y a lieu cependant de remarquer quelques différences : l'art. 346 ne fait pas de distinctions d'âge entre les filles et les garçons, comme nous avons vu qu'on le faisait pour le mariage et de plus l'art. 346 exige le consentement, tout à la fois du père et de la mère ; le dissentiment entre le père et la mère est un obstacle à l'adoption, contrairement à ce qui a lieu pour le mariage pour lequel, en cas de dissentiment entre le père et la mère, le consentement du père sulfit.

Si un enfant naturel âgé de 21 ans voulait se donner en adoption, aurait-il besoin de demander le consentement de ses père et mère naturels jusqu'à 25 ans, et de requérir leur conseil après cet âge?

Lorsqu'il s'agit du mariage de l'enfant naturel, aucun doute ne saurait exister, l'art. 158 a pris soin de dire que les dispositions concernant le consentement au mariage, et les actes respectueux étaient applicables aux enfants naturels, mais en ce qui concerne l'adoption, le législateur n'a pas assimilé les enfants naturels aux enfants adoptifs. Nous croyons par conséquent que, nonobstant la grande analogie qui invite à transporter dans la matière de l'adoption les dispositions prescrites pour le ma-

riage, il faut décider que l'enfant naturel n'a besoin
d'aucun consentement pour se donner en adoption.

Enfin, aux termes du décret du 28 février 1810, les
enfants ne peuvent entrer dans les ordres sacrés
qu'après avoir justifié du consentement de leurs parents ainsi que cela est prescrit par les lois civiles
pour le mariage et un autre décret du 18 février
1809 décide qu'une fille mineure de 21 ans ne peut
être admise à contracter des vœux dans une congré-
gation religieuse, si elle ne présente les consente-
ments demandés pour contracter mariage par les
art. 148, 149, 150 du Code civil.

Mais, dans l'un et l'autre cas, à l'âge de 25 ans et
à l'âge de 21 ans, l'enfant conquiert la liberté absolue
d'agir sans le consentement de ses parents, il n'est
pas obligé de demander leur conseil comme nous
avons vu que cela était prescrit pour le mariage et
pour l'adoption.

C'est une différence qui ne nous semble pas suffisamment justifiée, car l'entrée dans les ordres sacrés ou la prononciation de vœux dans une congré-
gation religieuse sont certainement un acte aussi
grave et aussi important que le mariage ou l'adoption.

Indépendamment du droit de consentir au mariage, les père et mère peuvent s'opposer au mariage
de leurs enfants. Ce droit d'opposition ne se confond
pas avec le droit de consentir au mariage tant que
les enfants sont mineurs ; quant au mariage le droit
d'opposition est inutile puisque l'absence de consen-

tement est un obstacle absolu à la célébration du mariage, mais lorsque l'enfant est majeur relativement au mariage et qu'il veut passer outre à la célébration après la notification des actes respectueux, les père et mère en formant opposition au mariage peuvent encore en empêcher ou tout au moins en retarder la célébration, l'officier de l'état civil saisi de cette opposition ne peut en effet passer outre à la célébration du mariage que si mainlevée de cette opposition lui est rapportée, soit par les opposants eux-mêmes, soit par une décision judiciaire.

Les père et mère ne sont pas obligés de donner de motifs de l'opposition formée par eux au mariage de leur enfant et si, par suite de ce défaut de motifs, le tribunal donne mainlevée de l'opposition, les père et mère ne peuvent jamais être condamnés à des dommages-intérêts; le législateur n'admet pas que l'opposition formée par des parents puisse être dictée par des motifs autres que ceux tirés de l'intérêt de l'enfant.

Comme ce droit d'opposition est une prérogative de la puissance paternelle, le père l'exerce à l'exclusion de la mère lorsque le père et la mère sont vivants, et ce droit ne passe à la mère que lorsque le père est mort ou dans l'impossibilité de manifester sa volonté.

La carrière commerciale a attiré l'attention du législateur et il lui a paru qu'il convenait de protéger le mineur contre les dangers que cette profession peut lui faire courir et en conséquence, il a décidé que le mineur, bien qu'il ait été émancipé, ne pouvait commencer les opérations du commerce ni être réputé majeur quant aux engagements par lui contractés pour faits de commerce s'il n'a été préalablement autorisé par son père ou par sa mère en cas de décès, d'interdiction ou d'absence du père.

Parmi les droits qui sont accordés aux père et mère dans l'intérêt de la protection du mineur, il faut encore ranger le droit de désigner le tuteur. Ce droit est une conséquence de la puissance paternelle, et pour ainsi dire son extension pour le temps où le père ou la mère ne pourra plus lui-même veiller sur son enfant et le diriger.

Ce droit est accordé par la loi sans distinction : tantôt au père, tantôt à la mère, c'est le dernier mourant qui peut exercer seul le droit de désignation du tuteur. On n'a pas voulu que le premier mourant, soit le père, soit la mère, pût retirer à son conjoint la tutelle de l'enfant commun. Cette privation de la tutelle eût été trop pénible pour celui qui l'aurait subie et en outre, elle eût été la marque d'une défiance qui n'aurait pas toujours été justifiée, surtout à l'égard du père qui, par son éducation, est présumé capable de diriger l'éducation et d'administrer la fortune du mineur.

Mais la même présomption de capacité n'existe pas vis-à-vis de la mère, et le législateur a donné au mari qui meurt avant sa femme le moyen de donner à cette dernière un guide et un soutien dans la tâche qui va lui incomber de pourvoir à l'éducation de ses enfants et à l'administration des biens. La mère sera tutrice, le père ne peut lui enlever ce titre et les droits qu'il confère, mais en même temps le père peut, avant de mourir, lui adjoindre un conseil sans l'assistance duquel la veuve ne pourra faire aucun des actes relatifs à la. tutelle, mais la dation de ce conseil laisse intact et entier le droit de puissance paternelle que nous avons reconnu appartenir à la veuve, et que nous avons reconnu être indépendant de la tutelle.

La nomination par le père prémourant du conseil qui assistera la mère survivante, et la désignation du tuteur par le dernier mourant des père et mère se fait soit par déclaration devant le juge de paix assisté de son greffier ou par devant notaire ou bien par acte de dernière volonté.

Mais en matière de désignation de tuteur par le dernier mourant, la loi a fait la distinction qu'elle avait déjà faite dans d'autres circonstances entre le père remarié et la mère remariée. Le père même remarié conserve le droit de désigner un tuteur aux enfants de son premier lit. Quant à la mère remariée, l'art. 399 établit une distinction.

Si la mère remariée n'est pas maintenue dans la tutelle, elle n'a pas le droit de désigner le tuteur de ses enfants ; si elle vient à mourir avant leur majorité, si au contraire, elle est maintenue dans la tutelle nonobstant son second mariage, le choix qu'elle fera du tuteur ne sera valable que s'il est confirmé par le conseil de famille.

RESPONSABILITÉ CIVILE

Il nous reste à parler de la responsabilité civile qui pèse sur les père et mère à raison des actes de leurs enfants mineurs. Si les père et mère en effet ont le droit de garde, de correction et d'éducation comme accessoires du droit incontestable qu'ils ont d'élever leurs enfants, ils ont aussi vis-à-vis de la société le devoir de les élever, ainsi d'ailleurs qu'ils en ont pris formellement l'engagement en se mariant, art. 203 du Code civil la responsabilité civile est la sanction de cette obligation, en ce sens, que l'art. 1384 dispose que le père et la mère, après le décès du mari, sont responsables du dommage causé par leur enfant mineur habitant avec eux.

Cette responsabilité civile des père et mère se trouve reproduite par les articles 74 du Code pénal, 206 du Code forestier et 74 de la loi sur la pêche fluviale.

Il faut, pour que cette responsabilité existe : 1° que l'enfant habite avec le père ou la mère, 2° que ceux-ci n'aient pas été dans l'impossibilité d'empêcher le dommage causé par l'enfant.

Cette dernière condition laisse une grande latitude aux tribunaux et il y a des arrêts qui ont déclaré le père responsable des délits et quasi-délits commis par son fils lorsque la faute de son enfant était la conséquence des mauvais principes qu'il lui aurait donnés. « Que J. père est donc responsable parce

» que dans sa maison la discipline domestique était
» relâchée et même qu'il n'y avait ni discipline ni
» direction morale. » (C. d'Aix, 11 juin 1859.)

Quelques personnes trouveront sans doute que la théorie de cet arrêt va un peu loin, mais si les parents étaient plus souvent déclarés responsables des fautes de leurs enfants, il est probable qu'ils s'occuperaient davantage de leur éducation et la société ne pourrait qu'y gagner.

CAUSES D'EXTINCTION DE LA PUISSANCE PATERNELLE

La puissance paternelle telle qu'elle est organisée par le Code civil, ne dure pas indéfiniment comme en droit romain.

Elle prend fin :

1° Lorsque l'enfant est parvenu à la majorité de 21 ans;

2° Lorsqu'il est émancipé.

Et elle subit un amoindrissement lorsque le père ou la mère ont été privés par décision judiciaire de partie de leurs droits de puissance paternelle.

Nous allons examiner ces différents points.

Il n'y a aucune difficulté en ce qui concerne la majorité qui a lieu à l'âge de 21 ans.

La puissance paternelle cesse aussi par l'émancipation, l'enfant peut être émancipé par le mariage qu'il contracte et qui, aux termes de l'art. 476, l'émancipe de plein droit.

Il peut encore être émancipé par la volonté de celui qui a la puissance paternelle, c'est-à-dire le père et, à défaut du père, la mère.

Pour émanciper leur enfant, le père ou la mère doivent attendre qu'il ait atteint l'âge de 15 ans et l'émancipation s'opère par la déclaration faite par le père ou la mère devant le juge de paix assisté de son greffier.

Cette émancipation a pour effet de détruire complétement la puissance paternelle, à ce point que si, pour une des causes prévues par le législateur, l'émancipation accordée au mineur est révoquée, le mineur ne retombe pas sous la puissance paternelle, mais il entre en tutelle, aux termes de l'art. 486 et y reste jusqu'à sa majorité.

Le droit d'émancipation accordé aux père et mère est également applicable aux père et mère naturels. Cette proposition avait été mise en doute, mais un arrêt de la Cour de Limoges du 2 janvier 1821 a décidé que cette émancipation leur était applicable.

Enfin la puissance paternelle peut être amoindrie entre les mains des père et mère par l'effet de condamnations judiciaires. Aux termes de l'art. 335 du Code pénal, le père ou la mère coupable d'attentat aux mœurs de leur enfant, doit être privé des droits et avantages à lui accordés sur la personne et les biens de l'enfant par le titre 9 du livre I.

Ce texte est le seul qui permette de porter atteinte à la puissance paternelle et il est à remarquer que si on le prend à la lettre, le père ou la mère coupable n'est privé que des droits énumérés dans le titre 9, c'est-à-dire des droits de garde, d'éducation ou de correction et du droit d'usufruit légal; il reste au père et à la mère frappés par l'art. 335 du Code pénal les droits qui sont plutôt des droits de protection que d'autorité, c'est-à-dire les droits de consentir au mariage, à l'adoption et à l'entrée dans certaines carrières, le droit de nommer un tuteur par testament, d'accepter une libéralité pour l'enfant mineur et le droit de l'émanciper.

Cette distinction ne semble pas très-logique, le père ou la mère qui sont reconnus indignes d'élever leurs enfants ne devraient pas conserver sur eux un pouvoir aussi considérable que celui qui résulte des droits que nous venons d'énumérer et cependant rien ne peut autoriser les tribunaux à étendre les termes de la loi à l'hypothèse qu'elle n'a pas prévue et à retirer aux père et mère coupables les droits qui ne leur ont pas été enlevés expressément par la loi et cela avec d'autant plus de raison que nous sommes en matière pénale et que là moins que par tout ailleurs, il n'est pas permis d'interpréter la loi.

La même raison nous fait décider que le père ou la mère ne perd ses droits que, vis-à-vis de l'enfant à l'égard duquel il s'est rendu coupable des faits énoncés dans l'art. 335, et s'il y a d'autres enfants leurs droits restent les mêmes vis-à-vis d'eux quoique leur conduite à l'égard d'un de leurs enfants offre bien peu de garanties de leur conduite à l'égard des autres; le texte est formel, en effet, « sera privé

» des droits et avantages à lui accordés sur la per-
» sonne et sur les biens de l'enfant. »

Nous avons dit que l'art. 335 du Code pénal était
le seul texte de loi qui permît aux tribunaux d'intervenir dans le gouvernement de la famille et de
modifier ou de restreindre les droits du père ou de
la mère. Cependant nous avons vu qu'il pouvait arriver que, dans l'exercice de sa puissance paternelle
le père ou la mère commît des abus graves, non pas
de ces abus qui tombent sous le coup des lois pénales
et pour la répression desquels les père et mère sont
justiciables du Code pénal, mais de ces abus qui sans
motiver l'action pénale sont cependant de nature à
compromettre l'état physique ou moral de l'enfant.

Pour ces derniers abus nous avons admis, malgré
le silence des textes et parce que l'intérêt de l'enfant
le réclamait impérieusement, que les tribunaux peuvent intervenir. Mais ils n'auront pas le droit de
priver le père ou la mère de la puissance paternelle,
ils devront se borner à restreindre et interdire ceux
des droits qui nuisent à l'enfant, et toujours d'une
manière temporaire, leur décision n'étant pas une
peine et n'étant justifiée que par l'intérêt de l'enfant, les effets de cette décision doivent cesser dès
qu'il n'y a plus péril pour la santé de l'enfant.

Après avoir parcouru cette étude, si nous voulons
apprécier le caractère général des dispositions du
Code civil concernant la puissance paternelle, ainsi
que des tendances de la jurisprudence et de la législation, nous verrons que le caractère dominant est la

crainte de l'autorité paternelle et des abus de cette autorité, d'une part, et d'autre part, comme conséquence de cette crainte, des mesures destinées à protéger l'enfant. C'est ainsi que l'enfant est assuré d'une réserve dans la succession de ses père et mère auxquels on retire pour partie l'exercice de la liberté naturelle et légitime de disposer; c'est ainsi que l'on admet de plus en plus facilement l'intervention de la société, représentée par les tribunaux entre le père et l'enfant; on protége l'enfant contre le père qui voudrait l'envoyer trop tôt dans les manufactures, et il arrivera certainement un jour où on obligera le père à donner à l'enfant les premières notions de l'instruction.

C'est une idée généreuse que de se porter ainsi au secours de l'enfance faible et opprimée, mais on arrive ainsi à énerver le pouvoir du père de famille, à diminuer ses droits et par conséquent sa responsabilité, à substituer en un mot l'action du pouvoir social à l'action du père.

Cette augmentation du pouvoir social au détriment du pouvoir paternel, d'une autorité abstraite au préjudice d'une autorité présente, cette substitution d'une sévérité froide et sèche à une sévérité tempérée par l'amour paternel exerce, nous le croyons, une fâcheuse influence.

Nous pensons qu'il en résulte une diminution notable dans les sentiments de respect pour l'autorité légitime et de soumission à la règle.

·Nous préférerions voir augmenter le pouvoir du

père de famille qui est, comme le disait Bodin que nous avons cité au commencement de ce travail, « le « seul à qui nature donne aucun pouvoir, qui est la « vraie image du grand Dieu souverain universel de « toutes choses. »

Et en même temps, comme conséquence des pouvoirs très-étendus et très-absolus donnés à l'autorité légitime du père de famille, on augmenterait sa responsabilité le rendant personnellement garant de la mauvaise conduite de ses enfants.

Les parents en se mariant ont contracté vis-à-vis de la société entre les mains de l'officier public solennellement l'obligation de nourrir, élever et entretenir leurs enfants, que la société leur donne toute puissance et toute liberté pour le faire. Mais s'ils ne le font pas ou s'ils ne le font pas convenablement, que la société réclame impérieusement des père et mère l'exécution de l'obligation par eux contractée, cela vaudrait mieux, croyons-nous, que de prendre la place des père et mère.

DE L'ADMINISTRATION LÉGALE

Nous nous sommes occupés de la puissance paternelle relativement à la personne de l'enfant.

En ce qui concerne les biens personnels de l'enfant, la loi reconnaît au père et à la mère deux droits :

1º Le droit d'usufruit sur les biens de l'enfant ;

2º Le droit d'administration sur les biens de ce même enfant.

Le droit d'usufruit a lieu pendant le mariage et survit à sa dissolution, pendant le mariage il appartient au père comme tous les droits de la puissance paternelle, et à la dissolution il appartient au survivant.

Le droit d'administration légale, au contraire, a une durée essentiellement subordonnée à celle du mariage, et il sera exercé par le père seul, sauf les cas où l'exercice des droits de la puissance paternelle passe aux mains de la mère.

Comme complément de cette étude sur la puissance paternelle, nous allons essayer de déterminer le caractère de l'administration légale et les effets qu'elle produit.

L'art. 389 qui traite seul de l'administration légale est ainsi conçu :

Art. 389. « Le père est, durant le mariage, admi-
» nistrateur des biens personnels de ses enfants
» mineurs, il est comptable quant à la propriété et
» aux revenus des biens dont il n'a pas la jouis-
» sance, et quant à la propriété seulement de ceux
» des biens dont la loi lui donne l'usufruit. »

Pour bien préciser quel est, selon nous, l'esprit
des dispositions de la loi relativement à l'administration par le père des biens personnels de ses enfants mineurs. Nous examinerons les principes qui
régissent cette administration 1º pendant le mariage; 2º après la dissolution du mariage :

1º Pendant le mariage, le père jouit d'une indépendance absolue en ce qui concerne la direction
de la personne de ses enfants, et en ce qui concerne
l'administration de leurs biens : Aucune intervention étrangère ne vient se placer entre lui et ses
enfants.

Nous trouvons la preuve de ce principe d'indépendance dans les observations du tribunat qui,
en proposant l'art. 389 disait :

« Si, pendant que le mariage existe, la loi n'ad-
» mettait aucune différence entre le père et le tu-
» teur proprement dit, il faudrait que le père fut,
» par rapport aux biens personnels de ses enfants,
» assujetti pendant le mariage à toutes les condi-
» tions et charges que la loi impose au tuteur, il
» faudrait que le père fut sous la surveillance d'un
» subrogé tuteur sous la dépendance d'un conseil

» de famille, ce qui répugne à tous les principes
» constamment reçus. »

Un autre principe nous semble également avoir
été posé par le législateur et doit nous servir de
guide pour résoudre les questions qui vont se poser sur l'interprétation de l'art. 389. C'est que le
législateur a admis que l'état de mariage des père
et mère offrait des garanties suffisantes pour l'administration des biens de l'enfant, et qu'il n'en
était pas besoin d'autre que la vigilance et la sollicitude de la mère.

Cette idée de la protection efficace que l'enfant
trouve auprès de sa mère est énoncée en effet dans
l'exposé des motifs par M. Berlier, qui disait :
« Tout mineur n'est pas nécessairement en tutelle;
» celui dont les père et mère sont encore vivants
» trouve en eux des protecteurs naturels, et s'il a
» quelques biens personnels, l'administration en
» appartient à son père la tutelle commence au
» décès du père ou de la mère, car alors, en per-
» dant un de ses protecteurs naturels, le mineur
» réclame déjà une protection plus spéciale de la
» loi. »

Cette raison est bonne assurément, mais elle a
été critiquée. On trouvait étrange que l'enfant fut
protégé par sa mère qui se trouve elle-même sous
la puissance de son mari. Aussi nous croyons qu'il
faut ajouter cette autre raison que le législateur a
voulu écarter l'intervention de personnes étrangères
qui auraient compromis la dignité du mariage et

rendu plus difficile la bonne harmonie du ménage.
Cette pensée qui a préoccupé les législateurs de ne
pas mettre le père sous une dépendance et de ne pas
le soumettre à une intervention étrangère nous
avons vu qu'elle était consignée dans les observations du tribunat qui ont été adoptées et auxquelles
on doit la redaction de l'art. 389.

Ainsi, d'une part nous ne voyons pas de texte
pour organiser un contrôle chargé de surveiller
l'administration du père, d'une autre part, nous
voyons par les travaux préparatoires que l'intention certaine du législateur a été que pendant le
mariage, le père eut une indépendance absolue relativement à l'administration des biens de ses
enfants comme il l'avait relativement. à la direction
de leur personne,

Il n'y a pas davantage de texte qui organise un
système de garanties, pour assurer la bonne administration des biens de l'enfant et nous trouvons
dans les travaux préparatoires la preuve que le législateur ne croyait pas utile d'intervenir en faveur
de ceux qui avaient encore leurs protecteurs naturels.

Nous pouvons donc affirmer que l'administration
du père échappe à tout contrôle, à toute surveillance
qui en entraverait l'exercice et quelle n'est pas en-
tourée des garanties qui accompagnent comme nous
le verrons la tutelle.

Voilà selon nous les traits principaux qui caracté-
risent l'administration paternelle.

Mais à la dissolution du mariage les choses changent. Le décès de l'un des époux a privé l'enfant de ce concours d'affection de cette émulation de tendresse qui rivalisaient de soins et lui assuraient une protection efficace, enfin le décès de l'un des époux, donne à l'enfant ce qu'il a rarement pendant le mariage de ses père et mère une fortune personnelle, le législateur n'a plus à se préoccuper du soin d'empêcher qu'une surveillance étrangère puisse compromettre la dignité du mariage et mettre en péril la bonne harmonie qui doit exister entre les époux.

La loi ne voit plus que l'intérêt des mineurs, les choses ont changé, le nom change aussi. Ce n'est plus l'administration légale qui appartient au survivant des père et mère, c'est la tutelle et le père tuteur a la différence du père administrateur, est soumis au contrôle très-vigilant, très-minutieux du conseil de famille et du subrogé tuteur.

Le père tuteur se trouve également soumis à l'hypothèque légale et au système de garanties que la loi n'avait jugé utile d'imposer au père administrateur.

Nous avons déterminé quels étaient les principes qui régissaient l'administration légale, il faut maintenant que dous examinions les différents systèmes qui ont été soutenus sur cette question.

Un premier système consiste à assimiler complètement l'administration légale et la tutelle et comme conséquence les partisans de ce système appliquent au père administrateur, toutes les règles qui regissent le père tuteur.

Pour soutenir ce système on invoque un argument d'analogie. Dans la tutelle comme dans l'administration légale il y a un mineur des biens à administrer dans l'intérêt du mineur, l'art. 389 qui établit l'administration légale ne formule aucune des règles qui régissent cette administration.

Le silence ne s'expliquerait pas si on n'admettait pas que le législateur a eu l'intention d'appliquer à l'administration légale les dispositions écrites pour la tutelle et d'assimiler ainsi deux situations identiques enfin la place même occupée par l'art. 389. dans le titre de la tutelle vient confirmer ce système.

Il a été soutenu par M. Persil. (Reg. hypoth. art. 2121) et a reçu la sanction de la jurisprudence un arrêt de la Cour de Toulouse du 23 Décembre 1818 déduisant les conséquences de ce principe d'assimilation reconnaît au fils mineur un droit d'hypothèque légale sur les bien de son père administrateur par ce motif que le père étant assimilé au tuteur doit offrir les mêmes garanties, et la Cour de Cassation par un arrêt du 16 Décembre 1819 confirmant par adoption de motifs un arrêt de la Cour de Metz admettait que la place même de l'art. 389 indiquait que le législateur a entendu assujétir le père administrateur légal aux mêmes obligations que le tuteur ordinaire pour les faits résultants de son administration des biens du mineur et en conséquence appliquait au père l'art. 444.

Cependant ce système parait aujourd'hui abandonné.

L'identité entre l'administration légale et la tutelle n'est qu'apparente dans l'une et dans l'autre il y a bien il est vrai des mineurs et des précautions à prendre pour la bonne administration et la conservation des biens qui peuvent leur appartenir en propre. Mais il y a une différence essentielle dont on ne tient pas compte dans ce système. C'est que lorsque il y a administration légale, il y a un état de mariage entre les père et mère de l'enfant dont les biens sont soumis à cette administration tandis que lorsqu'il y a lieu à la tutelle il n'y a plus de mariage.

Ces deux situations sont évidemment différentes et on conçoit très-bien que le législateur ait voulu établir des règles différentes pour l'administration des biens des enfants mineurs en distinguant si les père et mère sont encore mariés ou si le mariage est dissous.

Nous sommes bien forcés de reconnaitre qu'il n'y a pas un ensemble de règles qui organise comme pour la tutelle les droits et les pouvoirs du père administrateur mais nous espérons démontrer plus loin que cet art. 389 se suffit à lui-même et que l'emprunt que l'on fait aux règles de la tutelle pour le compléter est un emprunt inutile.

Cet emprunt fût-il même utile est en tout cas contraire à l'intention du législateur on invoque pour le justifier la place même de l'art. 389 qui se trouve dans le titre de la tutelle. Cette place indique suffisamment, dit-on, que le législateur a entendu que des règles communes gouvernent l'administration légale et la tutelle.

Cet argument n'est pas suffisant.

Si on avait voulu que l'administration légale et la tutelle fussent une seule et même chose si on avait voulu établir aucune différence entre le père tuteur et le père administrateur entre le père marié et celui qui ne l'est plus il était parfaitement inutile de rédiger l'art. 389, et les travaux préparatoires nous montrent que c'est ainsi que les rédacteurs du Code avaient procédé. Mais lors de la communication qui fût faite au tribunat de la loi sur la telle, tu le tribunat fut frappé de cette confusion et demanda expressément que la loi établit une distinction.

« Si pendant que le mariage existe, dit-il, la loi
» n'admettait aucune différence entre le père et le
» tuteur proprement dit ; il faudrait que le père fut
» par rapport aux biens personnels de ses enfants
» assujetti pendant le mariage à toutes les condi-
» tions et charges que la loi impose au tuteur, il
» faudrait que le père fut sous la dépendance d'un
» conseil, etc., ce qui répugne à tous les principes
» constamment recus. »

« Il paraît évident que jusqu'à la dissolution du
» mariage, le véritable titre du père et le seul qu'il
» puisse avoir dans l'hypothèse dont il est ici ques-
» tion, est celui d'addministrateur. » (Loeré 7,
p. 215).

C'est d'après ces observations que fut rédigé et adopté l'art. 389. Nous reconnaissons volontiers que l'art. 389 aurait pu être placé plus convenablement, mais lorsqu'on connait d'une manière aussi précise les intentions du législateur, il est impossible de ne pas en tenir compte, par cette seule raison que l'article qui contient la disposition qu'il a voulu établir n'est pas à la place qui lui convient.

Enfin on ne remarque pas que ce système d'interprétatiou de l'article 389 qui assimile l'administration légale et la tutelle, a pour résultat de rendre inutile et par conséquent de supprimer l'art. 389, et c'est un singulier moyen d'interprétation dont l'emploi est d'autant moins permis que nous savons pertinemment que cet article a été ajouté avec l'intention de combler une lacune de la loi.

Il faut donc reconnaître qu'il existe en fait des différences considérables entre l'administration légale et la tutelle, et que l'intention du législateur a été de consacrer ces différences.

La jurisprudence revenant sur ses premières décisions, est aujourd'hui unanime à proclamer que la tutelle est essentiellement distincte de l'administration légale; c'est aussi l'opinion de la doctrine.

Comme conséquence de ce principe on admet aujourd'hui que les biens du père ne sont pas soumis à l'hypothèque légale qui frappe les biens du tuteur, et qu'il n'y a pas lieu à la nomination d'un subrogé tuteur.

La proclamatioa de la différence entre la tutelle et l'administration légale, devait, en effet, entraîner la suppression de l'hypothèque légale que l'on n'avait introduite dans l'administration légale qu'au moyen d'un argument d'analogie.

Il était en outre exorbitant de créer une hypothèque légale par voie d'analogie et un arrêt de la Cour de Grenoble du 4 février 1850, a décidé avec raison que l'hypothèque *constitue un droit rigoureux qui ne peut être invoqué ou exercé que dans les cas pour lesquels la loi l'a expressément conféré.*

Indépendamment de cette raison capitale se trouvent d'autres raisons accessoires; l'inconvénient de frapper le père de deux hypothèques légales, celle de sa femme et celle de ses enfants; en outre, le petit nombre des enfants qui ont des biens personnels et qui pourraient profiter de cette hypothèque. Enfin, de sérieuses difficultés d'application lorsqu'il s'agit de déterminer le point de départ de cette hypothèque et les conditions d'inscription et de radiation qui, écrites pour le système de la tutelle, ne s'adaptent plus à l'administration légale.

Le même principe de distinction entre la tutelle et de l'administration légale amène à ne pas appliquer l'institution de la subrogée tutelle et c'est ce qui a été jugé le 4 juillet 1842 par la Cour de cassation qui a décidé qu'en exigeant pendant l'administration légale une notification à un subrogé tuteur l'arrêt attaqué avait assimilé entre *eux deux ordres de choses nécessairement séparés par leur nature et par les obligations qui en résultent.*

Il est universellement admis qu'il ne saurait être question en matière d'administration légale ni d'hypothèque légale ni de subrogée tutelle le débat est terminé sur ce point et nous n'aurons plus à y revenir dans l'exposition des systèmes qui existent sur les autres questions que soulève l'administration légale.

M. Demolombe prend pour type de l'administration des biens du mineur, l'administration tutélaire et se demande si les règles de cette administration sont applicable au père administrateur légal.

Si l'on admet l'identité entre la tutelle et l'administration légale il faut répondre affirmativement, mais nous avons vu que cette identité n'existe pas, M. Demolombe lui-même le reconnait.

Si au contraire on rejette cette analogie il faut répondre négativement et puiser ailleurs que dans le titre de la tutelle les règles de l'administration conférée au père par l'art. 389.

M. Demolombe admet successivement ces deux principes contradictoires.

1º En ce qui concerne l'administration proprement dite il assimile le père au tuteur par ce motif qu'il y a analogie.

2º En ce qui concerne les autres dispositions de la tutelle il refuse de les appliquer au père, a cause de la différence des deux situations.

§ 1. *En ce qui concerne l'administration proprement dite.*

M. Demolombe reproduit la division des actes d'administration en 1° actes que le tuteur peut faire seul; 2° actes pour lesquels le tuteur a besoin de l'autorisation du conseil de famille seulement; 3° actes pour lesquels le tuteur a besoin de l'autorisation du conseil de famille et de l'homologation du tribunal; 4° actes que le tuteur ne peut pas faire, et il arrive à décider que le père administrateur ne peut faire que les actes que le tuteur pourrait faire et qu'il doit comme lui se pourvoir de l'autorisation du conseil de famille et de l'homologation du tribunal dans le cas ou elles sont exigées du tuteur, il assimile sur ce point le père et le tuteur.

§ 2. *En ce qui concerne les autres dispositions.*

M. Demolombe refuse de les appliquer au père administrateur, parce qu'elles sont spéciales à la tutelle et qu'une profonde différence sépare l'administration légale de la tutelle, ainsi il n'admet pas

qu'on puisse transporter de la tutelle à l'administration légale les dispositions concernant les causes
d'excuses d'incapacité d'exclusion ou de destitution.

Il en excepte toutefois l'art. 444 qui exclut de la
tutelle les gens d'une inconduite notoire ou ceux
dont la gestion attesterait l'incapacité ou l'infidé-
lité, la raison qu'il en donne, c'est qu'il renferme un
principe général applicable à tout administrateur
du bien d'autrui.

Nous rejetterons le système de M. Demolombe
il nous parait manquer d'une base juridique certaine puisque tantôt il assimile tantôt il différencie
l'administration légale et la tutelle.

En outre lorsqu'il procède par voie d'assimilation il est tout à fait en dehors de l'esprit de la loi
ainsi que nous l'avons expliqué.

Enfin M. Demolombe se contredit lui-même lorsqu'après avoir posé nettement qu'il n'y a pas lieu
à un conseil de famille dans l'administration légale
il exige l'autorisation de ce conseil pour les actes
pour lesquels elle serait nécessaire au tuteur.

Le sytème de M. Aubry (Revue du Droit français
année 1844) reproduit le système de M. Demolonbe
comme lui il admet tantôt la différence tantôt
l'assimilation de la tutelle et de l'administration
légale. Comme lui il reconnait la possibilité d'un
conseil de famille.

Il se distingue cependant en ce qui concerne les
actes que le tuteur ne peut pas faire tels que acheter les biens de son pupille, se rendre cessionnaire

d'un Droit de créance contre lui art. 450 M. Demolombe étend cet article au père il lui refuse le droit d'acheter les biens de son fils ou de se rendre cessionnaire d'un droit de créance contre lui en vertu du principe général dons l'art. 1596 n'est qu'une application et qui ne permet pas qu'un mandataire puisse acheter les biens qu'il est chargé de vendre et soit ainsi placé entre son devoir et son intérêt,

M. Aubry au contraire trouve dans les dispositions de l'art. 450 une restriction de la règle générale qui est la capacité de faire tous les actes juridiques et il décide en conséquence que l'art. 450 ne peut être étendu au delà de ses termes précis.

Le père pourra donc acheter les biens de son enfant ou se rendre cessionnaire d'un droit de créance contre lui à la condition que la vente soit faite par un tuteur *ad hoc* qui représentera l'enfant.

Les reproches que nous avons fait au système de M. Demolombe s'appliquent au système de M. Aubry,

M. Valette sur Proudhon, t. 1., p. 285, pousse plus loin encore l'assimilation entre la tutelle et l'administration légale que nous croyons contraire à l'esprit la loi et décide que non-seulement l'article 444, mais encore toute les dispositions concernant les excuses, les destitutions, les incapacités de la tutelle doivent être communes au père administrateur et au tuteur.

Nous préférons aux systèmes dont nous venons de parler le système soutenu par M. Laurent (principes du Code civil IV).

C'est un système qui nous parait net, précis, conforme à l'esprit de la loi et à son texte et exempt des contradictions dans lesquelles tombent ceux qui admettent tour à tour la différence et l'identité de l'administration légale et de la tutelle.

M. Laurent prend pour point de départ l'art. 389, le titre qu'on donne au père est le titre d'administrateur. Donc le père administrateur pendant le mariage des biens personnels de ses enfants, aura les pouvoirs d'un administrateur.

Mais le tuteur est aussi un administrateur. Doit-on assimiler les deux administrations ? Non. Nous avons établi que cette assimilation répugnait à l'esprit de la loi.

Quels seront alors les pouvoirs du père administrateur ?

Les actes concernant les biens répond M. Laurent sont ou des actes d'administration ou des actes de disposition administrateur, le père aura pouvoir de faire tous les actes d'administration et jamais il ne lui sera permis de faire un acte de disposition, car le droit de disposer est un attribut du droit de propriété ; et le père administrateur n'est pas propriétaire.

M. Laurent précisant d'avantage sa pensée ajoute. Les actes de disposition sont ceux qui entraînent une aliénation totale ou partielle d'un bien quelconque. Tout acte qui n'entraine pas une aliénation est par cela même un acte d'administration.

Dans ce système le père peut accepter une succession sous bénéfice d'inventaire car l'acceptation d'une succession n'est pas une aliénation, c'est un acte d'acquisition, mais il ne peut pas renoncer à une succession ouverte au profit du mineur car la renonciation à un droit est une aliénation.

La transaction, le compromis, l'acquiescement sont des actes interdits au père, par cette raison qu'ils ne peuvent être faits que par celui qui a la capacité de disposer.

L'emprunt est un acte qui entraîne l'aliénation de la somme qu'on promet de payer au prêteur.

L'aliénation des immeubles, la constitution de droits réels sur ces immeubles tels que l'hypothèque, où une servitude sont incontestablement des des actes de disposition dont le père devra s'abstenir.

Former une demande en justice relativement aux droits immobiliers du mineur entraîne implicitement l'aliénation du droit, et le père ne peut pas la former, cette décision est conforme au principe que nous avons posé et nous paraît plus juridique que celle de ceux qui accordent au père le droit d'intenter les actions immobilières le tuteur disent-ils peut les intenter avec l'autorisation du conseil de famille le père doit être assimilé au tuteur et comme il n'y a pas de conseil de famille qu'il puisse consulter, il resulte qu'il peut seul intenter ces actions.

Le système de M. Laurent refuse au père le droit d'aliéner les meubles de son fils mineur, l'aliénation par un administrateur est un acte grave que la loi seule peut autoriser. De ce que la loi a permis au tuteur d'aliéner les meubles du pupille, il ne faut pas en conclure que le père aussi peut aliéner, la situation d'ailleurs, n'est pas la même, et l'aliénation des meubles par le père n'offrirait pas au mineur les mêmes garanties que celle qui serait faite par le tuteur; ces observations s'appliquent aux meubles incorporels aussi bien qu'aux meubles corporels.

Il faudrait aussi lui interdire la vente des bois qui ne sont pas mis en coupe réglée, car le Code considère la coupe comme l'aliénation d'un capital. Mais il pourrait vendre le bois mis en coupe réglée. Car il y a là une source de revenus périodiques, et la perception des fruits est un acte d'administration et non pas un acte de disposition.

Le père administrateur peut au contraire faire tous les actes d'administration, tous ceux qui ne comportent pas la disposition des biens.

Tous les actes concernant la culture, l'entretien, la conservation des biens de mineur, le père peut les faire.

Il peut cultiver les biens, ou les donner à ferme à la condition qu'il observe les conditions de durée de location prescrites par les art. 1429-1430, car les baux excédant neuf années sont considérés par le Code comme un acte de disposition, il en est de même du loyer des maisons.

En vertu du principe posé plus haut, le père a qualité pour faire les réparations d'entretien dont les biens peuvent avoir besoin, et aussi les grosses réparations, bien que cela puisse faire doute, notre raison de décider est qu'une grosse réparation n'est pas un acte de disposition.

Il rentre encore dans son rôle d'administrateur de recevoir les revenus des biens, les loyers et les fermages, les intérêts des sommes dont le mineur est créancier, le remboursement des capitaux qui lui sont dus, de donner en recevant main levée des hypothèques et des garanties accessoires qui assuraient le payement de la créance.

En ce qui concerne le droit pour le père de représenter son fils en justice, nous avons déjà dit qu'il ne pouvait pas intenter les actions immobilières, mais il représentera valablement le mineur lorsque ce dernier sera défendeur.

Les actions mobilières, au contraire, le père peut les exercer comme demandeur et *a fortiori* y défendre. Le droit d'exercer ces actions appartient dans la théorie du Code a tout administrateur.

Le père peut aussi accepter une donation. D'ailleurs, la loi le dit formellement, il peut également accepter une succession sous bénéfice d'inventaire ; car, suivant notre théorie, les actes qui ne sont pas des actes d'aliénation sont des actes d'administration.

Il peut payer les dettes échues du mineur et les intérêts des dettes non échues, car payer ce qu'on doit n'est pas aliéner, c'est administrer.

Le père a toute liberté pour faire emploi en acquisitions mobilières ou immobilières des capitaux disponibles du tuteur.

Il a pareillement qualité pour demander un partage judiciaire, car le partage n'est pas un acte de disposition.

Les exemples que nous venons de donner nous paraissent suffisants pour expliquer la théorie de M. Laurent, qui se fonde sur la distinction entre les actes d'administration et les actes de disposition.

Une objection se présente. Souvent les actes de disposition sont nécessaires, indispensables dans une sage administration. Les systèmes dont nous avons parlé, entraînés par l'évidente utilité du mineur, décident que le père pourra faire les actes de disposition avec les garanties résultant soit de l'autorisation du conseil de famille et de l'homologation du tribunal, soit de l'autorisation seulement du tribunal. M. Bertin (chambre du conseil), nous dit que la jurisprudence de la chambre du Conseil du tribunal de la Seine est d'autoriser le père.

M. Laurent pense que les tribunaux dépassent leur pouvoir, et que le législateur seul peut autoriser un administrateur à faire acte de propriétaire en disposant des choses qu'il a charge d'administrer ; et, en même temps, le législateur détermine sous quelles conditions, avec quelles garanties l'administrateur peut aliéner. Or, rien de tout cela n'existe pour le père.

Et, ajoute M. Laurent, si l'on admettait que le père put faire, avec la permission du juge, les actes de disposition, il faudrait prononcer la nullité des actes faits sans cette permission, et on arriverait alors à créer une nullité pour inobservation d'une formalité que la loi n'exige pas.

Quant aux autres dispositions de la tutelle relatives, aux cas d'excuses, d'exclusion, de destitution de la tutelle, M. Laurent est amené par la déduction logique du principe de la distinction de la tutelle et de l'administration légale, à refuser de les étendre au père.

Telle est aussi l'opinion de M. Demolombe ; mais ce dernier fait, pour l'art. 444, une exception que n'admet pas M. Laurent, qui puise dans le caractère pénal et flétrissant de cette disposition, une raison pour ne pas l'appliquer au père, et, de plus, il ajoute que la loi seule qui a organisé l'administration légale peut déterminer quand et comment elle prendra fin.

Enfin, l'art. 446 qui règle la procédure à suivre pour appliquer l'art. 444, ne peut être invoqué dans notre espèce, puisqu'il n'y a ni conseil de famille ni subrogé tuteur.

M. Laurent considère également comme étrangères au père, les prohibitions d'acheter les biens du pupille, de se rendre cessionnaire contre lui ; l'obligation, sous peine de déchéance, de déclarer les sommes dont on est créancier du pupille et toutes les autres règles qui organisent l'administration tutélaire. Ce sont des règles spéciales à la tutelle qu'il n'est pas permis d'étendre par voie d'analogie à l'administration paternelle. Cette décision est une déduction logique du principe que nous avons admis, de profonde distinction entre la tutelle et l'administration légale.

L'administration légale prend fin par la majorité ou l'émancipation du mineur, et d'une manière générale pour toutes les causes qui font cesser la puissance paternelle. Elle est un accessoire de la puissance paternelle et, par conséquent, elle ne peut exister que là où cette dernière existe.

Lorsque la mère exerce la puissance paternelle au nom du père, la mère a, par exception, l'administration légale et, s'il est mort, ce n'est plus l'administration légale, c'est la tutelle qui appartient à la mère.

Devons-nous étendre cet art. 141 aux autres cas dans lesquels le mari ne peut pas exercer l'administration légale.

Nous ne le pensons pas. L'art. 389 a confié ce pouvoir au père seul pendant le mariage, et l'art. 141 fait exception au principe qui ne confie à la mère l'administration des biens qu'avec les garanties résultant de l'organisation de la tutelle et, par conséquent, cet article exceptionnel ne doit pas être étendu aux cas qui nous occupent.

Lorsque l'administration légale prend fin, il y a lieu de rendre compte. Cette obligation résulte de l'art. 389. Le compte doit être rendu par le père ou, s'il est décédé, par ses héritiers ; il doit être rendu à l'enfant ou au tuteur de l'enfant.

Les raisons que nous avons données plus haut nous font décider qu'il ne faut pas appliquer à cette reddition de compte, les règles de la tutelle concernant les intérêts du reliquat du compte et la prescription des actions relatives à ce compte et les traités qui pourraient intervenir sur ce compte entre le père et son enfant.

Le père rendra les comptes de la même manière qu'un mandataire rend des comptes à son mandant (1993 et suivants).

Les prescriptions de ces articles sont plus libérales, elles n'ont pas le caractère de défiance qui se trouve dans les dispositions concernant la reddition des comptes de tutelle et c'est pour nous une raison de plus de les appliquer au père administrateur.

Une question très-controversée est celle de savoir quel est le caractère de l'administration légale. Est-elle ou n'est-elle pas d'ordre public ?

Si elle est d'ordre public on ne pourra pas y déroger par des conventions particulières (art. 6), ou par les clauses d'une donation ou d'un testament (art. 900).

M. Demolombe reconnait que l'administration légale est une dépendance de la puissance paternelle, laquelle est d'ordre public, il semblerait alors en aésulter que pour lui l'administration légale est d'ordre public.

Cependant il distingue parmi les attributs de la puissance paternelle, ceux qui sont essentiels, tels que le pouvoir sur la personne, et qui sont d'ordre public, et les attributs naturels, tels que le pouvoir sur les biens et qui ne sont pas d'ordre public et, parmi ces derniers, il range l'administration légale. Pourtant il ne décide pas d'une manière absolue la validiié de la clause qui enlèverait au père cette administration qui n'est pas d'ordre public ; il fait une sous distinction et enseigne que la clause est nulle si elle est dictée par la haine du père, valable si elle est inspirée par l'intérêt de l'enfant ; il invoque de plus, en faveur de son système, l'intérêt du mineur, qui exige qu'un testateur puisse prendre ses précoautions en faisant une libéralité à un enfan⁺ dont le père est mauvais administrateur. Prohiber cette clause, c'est empêcher le donateur de faire sa libéralité, et c'est l'enfant qui en sera la victime.

Proudhon trouve un argument en faveur de ce système dans l'art. 387 qui permet de priver le père de l'usufruit des biens légués et enseigne que cette permission implique l'autorisation de priver le père de l'administration.

La Jurisprudence décide aujourd'hui dans de

nombreux arrêts que la clause par laquelle on en-
lève au père l'administration des biens donnés à
l'enfant n'est pas contraire à l'ordre public et aux
bonnes mœurs et qu'elle est valable.

Malgré les autorités et malgré les décisions ac-
tuelles de la Jurisprudence.

M. Laurent soutient que l'administration légale
qui participe à la fois du mariage et de la puissance
paternelle est comme eux d'ordre public, et que
l'on ne saurait y déroger.

La preuve que le législateur ne sépare pas parmi
les attributs de la puissance paternelle le pouvoir
sur les biens du pouvoir sur la personne, se trouve
dans la définition de M. Réal qui disait en parlant
de la puissance paternelle : « C'est un droit fondé
sur la nature et confirmé par la loi qui donne au
père et à la mère pendant un temps limité et sous
certaines conditions la surveillance de la personne,
l'administration et la jouissance des biens de leurs
enfants. »

La distinction faite par l'opinion contraire entre
les attributs essentielles ou non essentiels de la
puissance paternelle est arbitraire et ne se trouve
nulle part écrite dans la loi, et du moment qu'on
reconnaît comme le fait M. Demolombe que la puissance paternelle est d'ordre public, il faut bien admettre que les attributs sont aussi d'ordre public,
et les matières d'ordre public ne peuvent entrer
dans le domaine des conventions privées que lorsque
la loi l'a autorisé expressément. Ainsi qu'elle l'a fait,

en ce qui concerne l'usufruit légal, ainsi qu'elle l'a fait lorsqu'elle a dit que nonobstant l'incapacité d'ordre public qui frappe la femme mariée cette dernière pourrait se réserver l'administration deses biens.

Mais lorsque le législateur ne s'est pas expliqué, on ne peut suppléer à son silence.

Quant à l'argument qui invoque l'art. 387 il n'est pas décisif, car on peut répondre que l'administration ne peut être enlevée au père précisément parce que la loi a permis de lui enlever l'usufruit et n'a pas permis de lui retirer l'administration.

L'intérêt de l'enfant pourra en souffrir, mais il appartient au législateur de protéger les intérêts des mineurs dans la mesure dans laquelle il croit devoir le faire, et cette mission ne saurait appartenir aux interprètes de la loi.

En terminant nous reconnaissons que les systèmes de MM. Valette, Demolombe, Aubry sont plus conformes aux intérêts des justiciables, plus équitable. Mais ils arrivent à ce résultat en laissant aux tribunaux une trop grande latitude, c'est ce qui nous fait préférer le système de M. Laurent malgré les solutions quelquefois brutales auxquelles le conduisent la logique et le respect du texte de lâ loi. Son sytème a l'avantage d'être net et précis et si ses décisions paraissent nous choquer cela tient à ce que la loi est imparfaite ou imcomplète et c'est au législateur et non aux interprètes chargés de l'expliquer ou aux magistrats qui ont mission de l'appliquer qu'il appartient d'y remedier.

POSITIONS

DROIT ROMAIN

I. — Les futurs époux ont besoin pour contracter mariage, du consentement des personnes sous la puissance desquels ils se trouvent. Mais pour dissoudre ce mariage, ils n'ont pas besoin du consentement de ces mêmes personnes.

II. Nonobstant la mancipation, le fils conserve son ingénuité.

III, — Le fils mancipé *noxali causa*, puis affranchi, retombe sous la puissance paternelle.

IV. — L'enfant admis dans la famille au moment de sa naissance, et qui avait été ensuite exposé par son père, n'était pas affranchi de la puissance paternelle.

V. — Les lois de Romulus prohibant l'exposition des enfants étaient exceptionnelles et temporaires et s'appliquaient aux enfants qui, n'ayant pas été admis par le père dans la famille au moment de leur naissance, n'étaient pas sous la puissance paternelle.

VI. — Le père était le juge naturel et toujours compétent pour toutes les personnes composant la famille.

DROIT FRANÇAIS

I. — La mère a qualité pour déférer à la justice les actes abusifs du père sur ses enfants, lorsque ces actes ne constituent pas un délit.

II. — Le père et la mère naturels qui ont reconnu leur enfunt, n'ont pas sur cet enfant la puissance paternelle proprement dite.

III. — Le droit de la veuve d'exercer sur ses enfants les droits qui dérivent de la puissance paternelle est un droit propre, indépendant des fortunes diverses qui peuvent atteindre la tutelle qu'elle tient de la loi.

IV. — En cas de séparation de corps, la garde des enfants doit être réglée conformément à l'art. 302. Si la femme a obtenu la séparation, conformément à l'art. 373, seul, si c'est le mari qui l'a obtenue.

V. — Les père et mère naturels n'ont pas la tutelle légale de leurs enfants naturels reconnus.

VI. — La mère n'a besoin de l'assistance de per_
sonne pour l'exercice de son droit de grâce.

VII. — Le père ne peut se pourvoir contre l'ordonnance du président qui refuse la détention par
lui requise, ou réduit la durée de cette détention.

VIII. — La mère, qui perd le droit de correction
comme mère par son second mariage, le conserve
comme tutrice si elle est maintenue dans ta tutelle.

IX. — On ne peut donner des biens à un enfant
mineur en stipulant que le père n'en aura pas l'administration.

X. — Si le père est dans l'impossibilité d'exercer
l'administration légale elle ne passe pas à la mère
sauf le cas d'absence.

XI. — Le père administrateur peut acheter les
biens de sont enfant mineur.

XII. — L'art. 444 n'est pas applicable au père administrateur légal.

XIII. — Le père administrateur peut faire tous
les actes d'administration il ne peut jamais faire les
actes de disposition. Même avec l'autorisation du
tribunal.

DROIT COMMERCIAL

I. — Le fils peut assigner son père en déclaration de faillite.

II. — Le père qui autorise son fils à faire le commerce peut révoquer cette autorisation.

DROIT PÉNAL

I. — Le père est responsable des délits et quasi-délits de son fils qui sont la conséquence d'une éducation vicieuse.

II. — Le père ou la mère, qui tombe sous l'application de l'art. 335 du Code pénal, ne perd les droits énumérés dans cet article, que sur l'enfant vis-à-vis duquel ll s'est rendu coupable.

DROIT DES GENS

I. — Les personnes et les propriétés sont inviolables en temps de guerre aussi bien qu'en temps de paix.

II. — Les croiseurs belligérants n'ont pas le droit de visiter les navires neutres escortés par un ou plusieurs bâtiments de guerre de leur nation.

Vu par le président de la thèse,
J. E LABBÉ.

Vu par le doyen :
G. COLMET-DAAGE

Vu et permis d'imprimer,
Le vice-recteur de l'Académie de Paris,
A. MOURIER

—29—Paris. — Imprimerie F. PICHON, 14, rue Cujas.

PARIS. — IMPRIMERIE F. PICHON, 14, RUE CUJAS.